THE ADVERTISING AND
THE PHILOSOPHICAL THOUGHTS

광고와
철학적 사고

강승구 지음

에피스테메
EPISTEME

광고와 철학적 사고

초판 1쇄 발행 | 2014년 9월 20일
초판 2쇄 발행 | 2015년 7월 10일

지은이 | 강승구
펴낸이 | 이동국
펴낸곳 | 한국방송통신대학교 출판문화원
         110-500 서울시 종로구 이화장길 54
         전화 (02)3668-4765
         팩스 (02)741-4570
         출판등록 1982년 6월 7일 제1-491호
         http://press.knou.ac.kr

편 집 | 신영주, 이기남
디자인 | 최원혁

ⓒ 강승구, 2014
ISBN 978-89-20-01434-5 93070
값 17,000원

책머리에

광고에도 철학적 사고가 필요한가?

'광고에도 철학적 사고가 필요한가?'라는 질문은 오래된 명제이다. 하지만 이 질문에 답을 하는 것은 쉽지 않다. 광고는 일단 제품 및 서비스의 판매촉진을 목표로 하는 커뮤니케이션 행위이기 때문에 광고에 철학적 사고가 과연 필요한지에 대해 답하는 것은 쉬운 일이 아니라는 것이다. 그런데 필자가 광고에도 철학적 사고가 필요하다는 생각을 하게 된 것은, 그동안 광고의 역사가 깊어지고 많은 광고들이 축적되면서 광고가 문화가 되고 축적된 광고들이 문화현상을 일으키게 된다는 사실 때문이다.

문화현상이라는 것은 한두 가지 사례를 통해 발생하는 것이 아니라 여러 사례를 통해 일어나는 것인데, 누적된 많은 광고들이 하나의 문화현상을 일으키는 것은 현재로선 누구나 인정할 수 있을 것이다. 광고를 통한 문화현상이 보편화된다면 그 현상에 대한 학문적 분석이 가능하며, 그러한 분석을 통해 철학적 사고가 가능하다. 이 책은 이러한 가정, 즉 광고를 통해 발생하는 문화현상을 제대로 분석하기 위해서는 철학적 사고의 틀에서 이루어지는 분석의 잣대가 필요하다는 가정에서 출발한다.

이 책은 먼저 사회문화적 차원에서 광고를 바라보게 한다. 광고를 바라볼 때 우선 사회와 문화 그리고 경제적 관점에서 접근하게 되는데, 어느 각도에서 광고를 보느냐에 따라 사회문화적 분석과 경제적 분석이 달라질 수 있다. 두 번째 접근은 언어학적 분석이다. 여기에는 논리학과 기호학이 분석의 잣대로 쓰인다. 인간의 언어가 발달하는 과정에서 논리학이 함께 성장했으며, 이러한 원리는 광고의 언어 부문에도 그대로 적용되는 경향이 있다. 논리학이 없다면 광고의 언어 부문을 자세히 분석할 수 없다. 그리고 광고의 언어영역에서 광고메시지가 갖고 있는 여러 가지 함축적인 뜻을 해석하기 위해서는 기호학이 필요하다. 광고 메시지의 상징성과 거기에 내포되어 있는 의미를 캐내기 위해 기호학이 반드시 필요한 것이다. 세 번째로는 광고의 철학적 분석이 본질적으로 다루어지는데, 이러한 철학적 분석을 위해 광고와 이데올로기, 페미니즘 그리고 정신분석학의 도구가 사용되었다. 특히 정신분석학은 광고에 나타난 소비자들의 복잡다단한 심리를 파악하는 데 유효한 잣대가 될 것이다. 네 번째는 시뮬라시옹(simulation)의 개념에 근거한 분석이다. 광고는 현실만 반영하는 것이 아니라 가상현실과 가상세계를 묘사할 수 있다. 그러므로 광고를 통해서 가상의 이미지가 현실을 초과하고도 남음이 있을 수 있는 것이다. 마지막으로 이 책에서는 광고에 나타난 인간과 그 인간의 욕망에 대해 분석하고 있다. 남성다움과 여성의 해방문제뿐만 아니라 물질에 대한 욕망과 행복의 추구 등을 분석함으로써 광고 속에 나타난 인간의 본질적인 문제들을 분석해 보고자 했다.

광고에 대한 철학적 사고의 전통은 광고산업의 주류를 이루고 있는 미국의 전통이 아니라 유럽의 철학적 접근방식에 의한 전통이라고 할 수 있다. 프랑스의 사회학자이자 철학자인 보드리야르 같은 학자가 이런 전통을 따르는 학자라고 평가된다. 보드리야르가 주장한 시뮬라시옹의 개념은 가상의 이미지가 현실보다 더 실재 같은 인상을 준다는 이론에 기초하는데, 보드리야르의 시뮬라시옹의 개념과 주장이 이 책에서 상세히 소개되고 있다. 그리고 포스트모더니즘(postmodernism)이 현대 광고에서 어떻게 묘사되고 있는지를 분석해 보는 것도 광고를 철학적으로 사유하는 데 매우 유효할 것이다. 기본적 서술구조를 탈피하여 자기 나름대로의 영상과 메시지를 가지고 광고의 크리에이티브를 구성하는 것이 현대 소비자들에게 어떻게 어필할 수 있는지를 분석해 보는 것도 마케팅 중심의 광고를 철학 중심의 광고로 이전시키는 역할을 해 줄 것으로 기대할 수 있다.

아무쪼록 이 책이 단순한 광고비평서에 그치지 않고 광고 전반에 대한 인식의 지평(地坪)을 넓혀 주는 역할을 하는 기회가 될 수 있기를 희망해 본다.

2014년 9월

대학로 연구실에서 저자 강승구 (姜承求)

차 례

CHAPTER **1**
광고와 사회문화적 사고 1

---

1. 광고의 문화적 관점 8
1) 문화연구의 발전 과정 9
2) 문화연구의 다양한 관점들 11
3) 광고와 문화연구 14

---

2. 광고의 사회학 18
1) 광고와 사회적 일탈행위(deviated behavior) 18
2) 사회이슈 고발 광고와 사회병리 치유 23
3) 광고와 라이프 스타일(life-style)의 변화 26
4) 위해광고(위험성 조장 광고)의 실제적 위험성 29
5) 유행어 창출 광고의 사회적 영향력 36
6) 섹스어필 광고와 성(性)문화 39
7) 광고와 물질만능주의 42

---

3. 광고의 경제학 43
1) 광고와 시장 경제 44
2) 광고의 정치경제학적 접근 45

CHAPTER 2
광고와 언어학적 사고 57

1. 광고와 논리학 59

1) 추론 59

2) 증명(증거, 논거) 71

3) 명제 73

4) 논증 76

2. 광고와 기호학 79

1) 유상기호 79

2) 지표기호 83

3) 상징기호 84

4) 소쉬르의 기호학과 광고 카피 85

CHAPTER 3
광고와 철학적 사고 91

---

1. 광고와 이데올로기 93
　　　　1) 광고와 소비문화 96
　　　　2) 상품 미학 98

2. 광고와 페미니즘 101
　　　　1) 성의 차이 혹은 차별 102
　　　　2) 여성해방의 가치 104

3. 광고와 정신분석학 110
　　　　1) 원본능(id)과 자아(ego), 그리고 광고 표현 111
　　　　2) 성적(性的) 충동과 광고의 자극 114
　　　　3) 무의식세계와 광고의 추구 117
　　　　4) 꿈과 상상과 광고 125
　　　　5) 인간의 불안과 자아도취증,
　　　　　 그리고 광고의 성격 127

CHAPTER 4
광고와 가상세계: 시뮬라시옹 131

---

1. 광고와
　포스트모더니즘 133
　　　　1) 포스트모더니즘 135
　　　　2) 포스트모더니즘 광고의 정의와 유형 137

2. 광고와 시뮬라시옹 146 1) 보드리야르의 시뮬라크르와 시뮬라시옹에 대한
이해 150

2) 미디어, 그리고 광고와 시뮬라시옹 156

3) 차이에 따른 사회적 지위 획득에 의한
소비사회에서의 광고 161

3. 광고와 가상현실 173 1) 가상현실(virtual reality)의 현재적 주소 175

2) 광고적 표현과 가상현실 176

3) 가상현실은 현실보다 더 매혹적인 현실이다 184

CHAPTER 5
광고 속의 인간과 욕망 189

1. 광고와 세대 : 새로운 세대의 탄생 192

2. 담배 광고 : 남성다움과 여성의 해방 196

3. 행복 : 다이아몬드와 자동차 201

4. 아름다움 : 날씬한 1) 날씬한 몸의 신화 207
몸의 신화 207 2) 현실의 아름다움 213

광고와

사회문화적

사고

"현대인이 호흡하는 공기는
산소, 질소, 광고로 되어 있다"

로베르 퀘랑

．
．
．

광고는 오늘날 우리의 삶을 반영하는 동시에 삶의 방향을 결정해 주기도 하는 중요한 문화적 요소이다. 사람들은 미디어를 사용하든 사용하지 않든 집이나 사무실, 그리고 공공장소 등 어디에서나 수많은 광고 이미지에 노출되어 있다. 광고는 모든 미디어를 기반으로 하여 언제 어디서나 우리 생활에 침투한다. 이렇게 광고가 일상화되다 보니 광고가 우리의 사고나 인식에 어떠한 영향을 미치는지에 대해서는 간과하기 쉽다.

광고는 우리의 일상생활을 반영하기 때문에, 광고를 보는 사람들에게 현실감을 부여한다. 광고와 생활이 밀접히 연결되면서 광고 속의 가상현실이 마치 실제처럼 느껴지게 되는 것이다. 광고는 각기 서로 다른 메시지를 가지고 있음에도 불구하고 다양한 미디어에서 구현되는 광고의 편재성(ubiquity)으로 인해 모든 광고들은 우리의 생활 전반을 집요하게 파고든다.

광고는 단순히 상품 판매를 촉진하는 그 이상의 기능을 가진다. 전통적으로 광고 창작자는 다양한 방식으로 예술과 종교를 통해 이루어진 철학적인 의미를 광고에 부여한다. 우선, 광고는 의미의 구조를 창조해 낸다. 이는 광고의 판촉기능에서 여실히 드러난다. 광고는 상품의 질적인 속성뿐 아니라, 그와 같은 속성이 우리에게 어떤 의미를 가지는지 말해 준다. 광고는 우리에게 광고에 나오는 물건을 구매했을 때 우리가 인간적으로 어떤 가치를 가지게 되는지를 암시한다. 광고에 등장하는 물건의 사용가치는 결국 우리에게 인간적인 가치가 되는 것이다. 즉, 광고는 상징적 '교환가치'를 상품에 부여한다.

예를 들어, 세계적으로 유명한 다이아몬드 회사인 드비어스의 "다이아몬드는 영원하다"라는 광고는 다이아몬드를 영원한 사랑으로 연결지음으로써 다이아몬드라는 광석이 단순히 물질이 아닌 인간적인 다른 어떤 것으로서 작용함을 보여 준다. 이제 드비어스의 다이아몬드는 우리에게 영원한 사랑을 가져다주는 것이 된다. 우리는 이와 같은 광고의 의미작용에 대해서는 그다지 관심을 두지 않지만, 광고에 내포된 다양한 의미는 의식적 · 무의식적으로 수용자의 의식 속으로 파고든다.

광고는 현대사회의 중요한 창작물인 동시에 중요한 텍스트이다. 이러한 광고 안에 담긴 여러 가지 사회적 · 문화적 의미를 사고하고 분석하는 대표적인 분야가 바로 '광고비평'이다. 우리나라에서 본격적인 광고비평이 시작된 시기는 1990년대이다. 1990년대 초 몇몇의 학자들이 광고비평의 중요성을 주장하면서 광고의 사회문화적 함의에 대한 비판적 비평서를 출간했으며, 광고비평에 참여한 연구자들은 "광고 수용자에게는 해독 능력을 전해 주고 광고 제작자들에게는 긍지를 심어 주겠다"는 슬로건을 내걸고, "광고비평은 광고 창작자와 광고 수용자 간의 문화적 거리를 좁히는 데 일정한 힘을 발휘할 것이다"라고 광고비평의 역할을 주장하기도 했다.

그러나 현재까지 광고비평은 문학, 영화, 음악 등 여타 분야의 비평과 비교할 때 아직 활성화되지 못하고 있다. 광고와 밀접한 분야인 미디어 비평만 하더라도 그 자리를 잡아 가고 있으며, 각종 미디어 비평 프로그램이 방송되고 미디어 비평에 대한 수용자들의 참여를 장려하고 있지만, 광고비평에 대한 논의는 여전히 찾아보기 힘들다.

드비어스의 다이아몬드 광고

"A DIAMOND IS FOREVER"
드비어스의 다이아몬드는 우리에게 영원한
사랑을 가져다주는 '존재'로서의 이미지를 갖는다는
광고 캠페인 사례

광고비평은 광고에 담긴 담론들의 문화적 · 철학적 의미를 찾는 작업이라 할 수 있다. 광고비평에서 다루는 문화연구의 대표적 관점은 '미학적 문화주의'와 '비판적 문화연구'라 할 수 있다. 미학적 문화주의 연구가들은 광고를 대중들의 눈과 귀를 즐겁게 해 주고 대중들이 자발적으로 선택, 참여하는 문화로 보고 광고 텍스트에 대한 미학적 비평을 시도한다. 한편, 비판적 문화연구는 자본주의가 광고를 통해 사람들로 하여금 자본주의 체제에 봉사하도록 압력을 가한다고 보는 관점이다. 즉, 광고를 포함한 지배적 영역들이 자본의 이해에 부합하는 방식으로 문화적 의미를 규정한다는 것이다(Sinclair, 1987).[2] 이러한 면에서 두 관점은 서로 대척점에 서 있으며, 각각의 문화관에 대해서는 우리가 앞으로 논의해야 할 부분이다.

　이미 많은 광고비평의 연구자들이 광고가 하나의 문화, 특히 대중문화의 중심이라고 주장한다. 그러나 기존의 미술, 음악, 영화와 같은 순수 대중문화와 광고가 다른 것은 광고가 '소비'와 밀접한 관계가 있다는 점일 것이다. 보드리야르(1999)[3]가 광고에 대해 "소비에 대하여 논할 뿐 아니라, 다시 소비의 사물이 되는" 이중적 의미의 소비 개념과 연결되어 있다고 한 것처럼 광고는 일차적으로 자본의 요구에 따라 소비 유도, 혹은 상품 판매를 촉진하는 마케팅적 수단이다. 따라서 광고의 문화적 의미를 되새겨 보고 이에 대한 비평을 시도할 때, 광고가 자본주의 체제하의 문화로서 자본의 이익에 봉사하도록 만들어져 있다는 이른바 마르크시즘 계통의 '비판적 문화연구'의 관점이 광고비판 혹은 자본주의 비판으로 유용한 시각이 될 수 있지만, 자본적 문화에서 완전히 탈피하여 순수한 문화로서의 광고의 모습을 되찾자는 취지는 검토되어야 한다(엄창호, 2004).[4]

이와 관련해 엄창호(2004)는 광고비평이 판단, 지도, 평가를 담보할 수 있는 권력이 전제되어야 하며, 비평은 학문보다는 더 현실적이고 현장성이 강한 영역이라고 본다. 따라서 광고비평은 생산자와 수용자에 대해 실제로 권력을 행사할 수 있는가 하는 질문이 중요하다. 광고는 특히 광고주가 절대적인 권한을 행사하는 독특한 생산물로서, 자본가인 광고주가 매출 증진의 목적을 포기하면서까지 추구해야 할 문화적 · 미학적 가치는 존재하지 않는다. 수용자의 측면에서도 광고는 자신들의 문화적 취향이 반영되지 않은 채 무차별적으로 수용되는 문화이다. 따라서 수용자들이 비평을 통해 선택적으로 이를 수용하기란 어렵다. 따라서 비평이 판단과 지도, 평가를 담보할 수 있는 권력이 전제되어야 함에도 불구하고 광고의 경우 생산자의 압력에서 자유롭기 어렵고, 수용자 또한 자율적으로 이를 선택하거나, 무방비적으로 노출되는 것을 피하기 어렵기 때문에 광고비평이 권력을 얻기는 어렵다.

따라서 이 책에서는 아직 낯설기만 한 광고비평이라는 주제보다는 폭넓게 광고에 대한 문화연구들을 소개하고 광고 텍스트를 분석해 봄으로써 광고의 문화사회학적 의미를 찾아보는 철학적 측면에서 광고에 접근하고자 한다. 즉, 문화연구의 입장에서 광고와 대중문화, 그리고 일상의 접합관계를 찾아보고 광고가 만들어 내는 다양한 의미 생산과 수용의 과정들을 각각의 문화적 연구의 관점들을 통해 살펴보고자 한다.

1. 광고의 문화적 관점[5]

　광고를 문화적으로 사고, 분석하는 것은 문화연구(cultural study) 의 관점을 통해서이다. 문화연구란 일상에서 대중문화를 포함한 다 양한 종류의 문화가 만들어지고 재현되는 의미들을 해독하고 분석하 는 작업이다. 동시에 문화연구는 언어, 의미, 전통, 대중문화와 같은 문화적 속성과 같은 문화영역에 속하는 각양각색의 구성원과 사회적 권력 간의 관계를 분석대상으로 삼는다(강내희, 2003; Morley & Chen, 1996).[6] 여기서 사회적 권력은 국가나 자본주의, '규율권력'과 같은 우 리의 삶을 관장하는 기구와 제도, 그리고 그러한 제도가 만들어 내는 물질적이고 사회적인 이데올로기 효과를 모두 포함한다.

　문화연구의 핵심 개념인 문화는 당대의 특정한 삶의 방식(a specific way of life)을 지칭할 뿐만 아니라, 문화가 사회구성체 내의 다른 영 역이나 층위들인 경제, 제도, 정치 등과 맺는 결합관계나 그러한 결 합의 결과로 형성되는 물질적이고 제도적이며 이데올로기적 효과 들, 그리고 그러한 효과들을 사람들이 현실생활에서 체험하는 과정 을 모두 포함한다(원용진, 2002; 전경갑 · 오창호, 2003).[7] 따라서 문화 연구는 문화의 생성과 소비에 관여하는 과정에서 만들어지는 의미 를 해독하고 분석하며, 일상에서 만들어지고 순환되고 수용되는 갖 가지 의미와 이데올로기, 그리고 사회적 담론들을 분석하고 그들이 수행하는 효과들을 추적한다. 이는 흔히 '재현의 정치학(the politics of representation)'이라 불린다.

　또한 문화연구는 미디어나 문화를 통해 지배계급, 성, 사회적 계급,

세대라는 요인들이 상징적이고 이데올로기적으로 재현되는 과정과, 그 과정에서 파생되는 의미들을 특정 맥락에 위치시켜 비판적으로 분석한다. 더불어 문화영역의 대상들과 권력 간의 관계를 분석하는 문화연구는 일상을 관리, 재편, 통제하려는 사회적인 세력들의 작동 방식과 그들이 문화적 이데올로기라는 영역을 통해 이루려는 사회적이고 제도적인 영향력들에 대한 비판적 분석을 시도한다(강내희, 1996; 강명구, 1993; Grossberg, 1997).[8]

1) 문화연구의 발전 과정

문화연구의 관점들을 이해하기 위해서는 우선 문화연구의 발전 과정을 살펴보아야 한다. '문화연구'는 1950~1960년대 이후 영국 버밍엄 학파에 의해 주도된 연구 경향으로, 영국에서 문화연구는 영국 고등학교의 전통적인 분과 체계가 노동계급 출신의 학생들과 유색인종 공동체의 관심과 필요에 부응하지 못하고 있다는 비판에 대한 대안으로 등장했다. 대표적으로 버밍엄 현대문화 연구센터의 레이먼드 윌리엄스는 문화를 '삶의 총체적 방식(a whole way of life)'으로 정의하고, 19세기 이후 등장한 연애소설, 노동계급의 가치, 팝 음악에 대한 대중예술 관점의 접근법 등 대중문화를 해석하는 데 사용되는 일부 텍스트를 '의미를 나타내는 실천행위(signifying practices)'로 보았다. 즉, 대중문화를 살아 있는 문화로서 규정하고, 연구할 만한 가치가 있다고 보기 시작한 것이다.

문화연구자들은 대중문화에 초점을 맞추었으며, 수용자들의 능동성에 주목하여 다양한 읽기를 강조했다. 그러나 이러한 문화연구는 수용자의 자유를 과대평가한 반면 수용자의 상품화를 과소평가했다는 점, 그리고 대중광고와 특화 미디어 간의 차별성을 가리지 못하고 일부 미디어에 대한 능동적인 수용을 정치적 활동과 혼동했으며, 저항·반대 지향의 하위문화권들 내부에서 증진되는 진보적 독해라는 예외적인 상황을 상례적인 것으로 간주한다는 비판을 받았다.

이러한 비판에 대해 몇몇의 연구자들은 정치경제학적 연구를 수용했는데, 대표적으로 빈센트 모스코(김지운 역, 1998)는 정치경제학이 문화연구에서 전문화한 용어를 사용하는 경향에서 벗어나며, 문화연구가 소비의 사회적 생산을 고찰하는 선호 때문에 노동과 노동과정의 연구에 치중하는 경향이 있지만 정치경제학은 이런 것들을 피한다고 주장했다. 또한 문화연구의 권력 개념들이 개인으로서의 주체, 그것들의 실체 그리고 집단적 행동 속에 뿌리박고 있는 것으로 기울어져 있기 때문에 사회적 구조 개념에서 한발 뒤로 물러서는 경향이 있다고 문화연구를 비판했다.

이 외에도 빈센트 모스코는 영국의 문화연구 자체가 '문화 포퓰리즘'이라고 주장했는데, 이는 문화연구가 생산은 제쳐 두고 소비 측면의 연구에만 몰두함으로써 역사적·경제적 이해를 배제한 채 해석의 전략에만 열중하고 대중의 해석을 무비판적으로 예찬하고 있다는 것이다(John Storey, 박모 역, 1999). 이에 김성기(1998)는 오늘날의 문화연구가 문화 포퓰리즘과 닿아 있다고 지적하면서, 문화 포퓰리즘을 두고 대중문화가 보통사람들의 창조성과 즐거움을 표현한다는 이유로 상업적 대중문화에서 모종의 긍정적 가능성을 찾아내려는 이론적 추이라고 정의했다. 그는 "문화 엘리트주의가 청중을 '멍청이'로 규정한 다음 청중을 지도하고 후원하려 했다면, 문화 포퓰리즘은 청중을 '전복자'로 규정한 다음 후원, 관리하려 했다"고 하면서 결국 청중의 실체는 부재하고 단지 이론적 구성물로만 존재한다고 보았다.

또한 더글러스 켈너(김수정·정종희 역, 1997)는 문화연구가 정치경제를 등한시하여 수용자인 대중의 즐거움을 찬미함으로써 사회계급과 이데올로기를 도외시하고, 결국에는 수용의 중요성과 수용자의 의미구성을 지나치게 강조하게 되어 문화연구를 수용자 물신주의(fetishism)에 빠트릴 위험이 크다고 비판했다. 그는 수용자의 즐거움은 경험과 행동의 다른 형식들과 함께 문제시되어야 하며, 이러한 즐거움이 삶과 사회를 개선하는 데 기여하는지, 혹은 결국 우리를 억압적이고 속물적인 일상생활의 양식에 구속되게 하는지를 연구해야 한다고 주장했다.

즉, 문화연구는 일상적으로 대중화된 것을 학문적으로 대상화하고 수용자들이 물질적 현실로부터 벗어날 수 있는 능력을 과장함으로써 현실 속에서 작동하는 인종차별주의와 성차별주의, 그리고 경제적 불평등과 같은 기제들을 실제보다 작아 보이게 만들어 사실은 이들에게서 도피하려는 것을 낭만화했다는 비판을 받았다.

문화연구는 이후 자본주의 사회에서의 문화와 이데올로기, 그리고 일상을 통해 재구성되고 수행되는 정치학인 문화정치학(cultural politics)을 수용하면서 그 영역을 확대해 나갔다.

2) 문화연구의 다양한 관점들

1950년대의 대중문화를 분석하는 다른 관점은 페르디낭 소쉬르의 '기호(sign)=기표(signifier, 단어/이미지)+기의(signified, 개념)'의 개념을 바탕으로 미디어를 통해 등장한 텍스트, 즉 영화, 잡지, 신문기사의 글과 이미지를 통해 구축되는 신화 등에 내포된 의미와 그것을 생산하는 규칙과 구조를 밝히는 '구조주의'이다. 후기 구조주의자들은 문화 텍스트 안에 숨겨진 구조가 있다는 것을 거부하고, 그것이 비연속적이고 불안정한 것이라고 주장했는데, 대표적으로 자크 라캉은 영화연구에서 프로이트적 심리분석을 활용하고, 미셸 푸코의 지식-권력, 성의 권력-지식이 연관되어 있음을 분석했다. 1950~1960년대의 대중문화를 분석하는 관점은 크게 문화 텍스트를 즐기는 실천행위에 대한 분석을 큰 줄기로 하는 문화주의적 관점과 문화 텍스트의 구조나 의미를 분석하는 구조주의적 관점, 그리고 대중문화의 역사적 상황과 경제적 변화를 함께 분석하는 마르크스주의적 관점으로 나뉘며, 이들은 서로 접합되어 있었다.

강내희(2003, 8쪽)는 문화를 "기호, 이미지, 언어, 텍스트, 담론, 스타일, 패션, 스펙터클 등으로 구성되는 상징적 체계들을 통해 이데올로기와 욕망, 가치와 규범, 상식, 희망, 꿈 등이 표현되거나 관철, 실현되는 기호적 실천(signifying practices)이나 의미생산(signifacation)의 과정 혹은 이런 작용과 활동이 일어나는 장"으로 정의하고 있다. 이동연(2002, 109쪽)은 "문화는 쾌락의 장소이면서도 이데올로기의 장소이고, 소비의 장소이면서 생산의 장소이고, 개인의 자유가 실현되는 장소이며, 집단의 의지가 관철되는 장소"라고 하였다.

이후 1970년대에는 성의 정체성이 학문적 의제로 등장해 '페미니즘'으로 일상생활과 밀접한 대중문화를 분석하기도 했다. 또한 1960년~1970년대에 영향력이 커진 포스트모더니즘은 기호의 문화가 아닌 '시뮬라크르(simulacre)'의 진행과정을 시뮬라시옹(simulation)이라고 정의한 장 보드리야르의 해석에 따라 일상생활의 미디어 텍스트들을 분석했다.

다시 말해 '문화주의', '구조주의', '마르크스주의', '페미니즘'을 통해 일상과 밀접한 대중문화의 산물에 대한 문화적 텍스트와 소비와 관련된 텍스트들을 분석하게 된 것이다. 한편 '포스트모더니즘' 이후의 소비문화에 대해 중점적으로 분석한 '문화적 민중주의'는 이후 정치경제학적 입장의 '이데올로기' 분석과 결합하여 생산과정과 소비행위 사이의 교환, 즉 물질적 가치와 의미적 가치의 대면, 그리고 물질성과 관계성의 생성과정이 사회경제적 구조의 상황과 맞물려 어떻게 문화를 재생산하는지에 대해 분석하기 시작했다.

이에 따라 문화연구는 텔레비전 프로그램, 영화, 광고와 같은 시각 텍스트, 패션과 같은 대중적인 문화물의 텍스트 분석이나 장르 분석을 통해 언어와 상징을 통한 의미화와 사회적인 의미들이 재현되는 방식에 주목하는 동시에 그 활동영역은 종종 상징적이고 의미화된 영역을 넘어 문화와 일상을 매개로 전개되는 사회적 투쟁과 지배와 저항 등에 이르고 있음을 주목한다. 즉, 문화연구는 문화라는 영역의 확장과 문화를 매개로 이루어지는 정치 · 경제 · 사회적인 변화와 그들 간의 접합(articulation)을 자리매김하고 조망하는 작업이다 (이기형, 2004, 60~61쪽). 즉, 문화연구는 좁은 의미의 문화적 요인들과 그것을 넘어서는 비문화적인 요인들의 결합, 혹은 접합을 통해 현실이 만들어지는 과정에 주목하고 그렇게 구성된 현실에 개입한다 (Grossberg, Nelson & Treichler, 1992).[15]

따라서 문화연구는 문화를 구성하는 의미와 상징, 그리고 언어 체계를 넘어서 문화를 생산하고 문화의 생산과 수용에 관여하는 사회적인 힘들을 포함시켜야 한다. 즉, 문화현상이 만들어지는 문화산업과 미디어 산업, 그리고 이를 규율하는 국가의 역할을 포함시켜 문화라는 이름의 복잡한 구성물이 재형성되는 과정과 그 과정에 개입하는 다양한 형태와 수준의 사회적인 힘들을 폭넓게 파악해야 한다.

📌 문화연구의 방법론과 시각

문화연구의 갈래	연구영역
대중적 영역에 관한 문화연구 (popular cultural studies)	이데올로기 분석, 미디어 연구, 수용자 연구. 팬 연구, 일상성 연구, 시각문화 연구, 대중문화 연구, 하위문화 연구, 사이버 문화 연구, 역사적 문화 연구
여성학적 문화연구 (feminist cultural studies)	여성의 경험을 바탕으로 한 대안적 지식 생산, 성정체성 연구, 성차 형성 연구, 여성주의적 미디어 연구, 시각문화 연구
이론적 문화연구 (theory-driven cultural studies)	구조주의, 탈구조주의, 탈식민주의, 포스트모더니즘 담론분석, 세계화, 소비 자본주의 연구, 근대성 연구, 주체이론
문화연구의 주요 방법론	
문화주의적 접근 (cultural/interpretice approach)	텍스트 분석, 담론 연구, 민속학/현장 연구(ethnography) 구술사, 기호학 등
구조적 접근 (structural approach)	마르크시즘, 문화유물론, 구조주의, 헤게모니 이론, 탈식민주의, 국면 연구

※ 출처: 이기형(2004), 64쪽.

3) 광고와 문화연구

문화연구 관점에서 광고는 생산된 상품의 소비를 원활하게 하고 촉진하는 경제적 제도이자, 문화와 일상의 영역에서 상품의 이미지와 상품이 전달하는 사회적 의미들과 그 의미들을 담지한 기호들이 체계를 만들어 내는 대표적인 문화장치라 할 수 있다. 또한 광고는 광고 텍스트가 견인하는 다양한 의미와 이미지를 통해 상품과 광고 텍스트의 수용자, 그리고 사회와 문화산업으로서의 광고산업 사이를 중재한다(이기형, 2004). 다시 말해 광고는 경제적·사회적, 그리고 문화적 층위를 통해 형성되는 '중첩적 결정물(over determined product)'이다(원용진, 2000).[16]

광고가 제도, 산업, 수용자의 영역을 넘나들며 생성되는 산물임에 따라 문화연구영역에서 광고에 대한 분석은 텍스트 혹은 문화재현물을 독립적으로 다루기보다는 소비와 상품미학, 그리고 욕망의 관리라는 큰 맥락 속에서 다양하게 이루어진다(Nava et al., 1997).[17] 문화연구에서 광고와 소비문화를 연구한 대표적 학자로는 대중문화에 기호학적 방법론을 적용한 프랑스의 문화비평가 롤랑 바르트(Roland Barthes, 1980)와 그의 방법론을 계승한 영국의 주디스 윌리엄슨(Judith Williamson, 1978)이 있다. 특히 주디스 윌리엄슨은 《광고의 기호학》 (Decoding Advertisements: Ideology and Meaning in Advertising, 1978)에서 광고가 일상에 가장 널리 퍼져 있고, 일상의 크고 작은 변화까지 감지하는 가장 중요한 문화 텍스트 중의 하나로 파악된다고 보았다. 윌리엄슨은 텍스트 읽기와 수용자들의 구체적이고 차별된 행동에 대한 분석을 통해 광고가 재현하는 의미와 이미지, 그리고 기호가 수용자에 의해 다양한 방식으로 일상에서 해독되는 과정을 해석했다.

한편, 광고는 일상의 욕망과 소비를 반영하는 동시에 대중의 변모하는 취향을 반영하고 문화적 트렌드를 이끄는 문화 텍스트이다. 따라서 문화연구가들은 광고가 대중문화의 변화를 반영하고 이끌어 나가는 주요한 문화적 재현이라는 점에 주목한다. 따라서 광고는 인접한 대중문화와 미디어로부터 다양한 장르의 형식과 재현의 전술을 선택적으로 수용하고 개선해 나가는 사회적 존재이자, 소비와 미학이 결합된 재현양식이라 할 수 있다(이기형, 2004).

따라서 문화연구에서는 광고의 텍스트 분석뿐 아니라, 텍스트 분석과 수용자 연구, 그리고 역사적인 맥락화의 과정 분석을 통해 광고를 분석한다. 이는 자본주의 사회에서의 광고제도에 대한 거시적·구조 중심적 분석을 수용하고, 상업화와 물화의 제도적 장치이자 기호생산의 대행자로서 광고가 수행하는 역할을 비판적으로 바라본다.

이 밖에도 광고는 현대사회에서 더욱 중요한 문화적 의미를 지닌다. 프랑스의 기호학자인 장 보드리야르(Jean Baudirillard, 1981)[18]는 현대사회는 기호와 스펙터클의 사회이며, 기호와 이미지, 그리고 초현실이 테크놀로지와 미디어에 의해 현실을 압도하고 구성한다고 보았다. 여기에 각종 광고 텍스트와 광고가 형성하는 시각 이미지의 세계가 현대인들에게 특정한 라이프스타일을 재현하고 유행시킴으로써 사람들의 문화적 정체성 형성 과정에 적극적으로 개입한다(Slater, 1997).[19]

정리하면 광고의 문화적 연구는 광고 텍스트가 가진 의미뿐만 아니라 광고와 수용자, 그리고 생산자 간의 역동적인 상호교섭에 초점을 맞추며, 광고는 문화 텍스트와 양식이 매개하는 다양한 사회적 수용과 문화적 실천, 그리고 사람들의 욕망구조에 관심을 기울인다. 또한 광고가 수행하는 물화 과정에 대한 비판적 분석을 수용하며, 언어적이고 문화적인 활동으로서 광고가 재현하고 견인하는 사회문화적 의미 생산, 그리고 인간의 심리적 욕망의 과정을 폭넓게 바라본다.

SK 텔레콤 영상전화 'T', 영상전화 완전정복 편(2007)

2007년 WCDMA 영상전화 서비스를 시작하면서 SK 텔레콤이
내놓은 광고 시리즈이다. 영상전화 시대를 맞아 전화를 받는
방법도 달라져야 한다는 것. "영상전화 완전정복-위기대처법",
"영상전화 완전정복-화면조정 편"등을 통해 생활 속의 여러
상황을 영상전화 받는 법으로 연출하여 재미있게 풀어내고
있다. 그 예로 유형 학습 편에서는 영상전화를 할 때 얼굴을
작게 보이도록 하기 위해서는 팔을 쭉 펴라고 한다. 이 외에도
위기대처법에서는 자다가 전화가 왔을 때 신속하게 단정한
모습을 보일 수 있는 방법을 가르쳐 준다.
이 광고에서는 갑자기 전화가 왔을 때 선풍기로 연출하는
법이나 영상전화 시를 대비해 각도를 맞추는 법, 그리고
신혼부부의 사랑신호법 등을 알려 주고 있어 영상전화 시대의
새로운 모바일 라이프를 만들어 가자는 의미를 담고 있다.

2. 광고의 사회학

1995년 어느 날, 영국 런던의 어느 극장 스크린에는 총을 든 여인과 피가 낭자하게 흩뿌려진 가운데 총알로 벌집이 된 시체들이 나뒹구는 모습이 비치고 있었다. 이것은 영화의 한 장면이 아니었다. 서부영화의 한 장면도 아니었고, 올리버 스톤 감독이 제작한 '타고난 살인자(Natural Born Killers)'의 한 장면도 아니었다. 이것은 바로 광고의 한 장면이었다. 영국의 세계적인 광고대행사 '사치 앤 사치(Saatchi & Saatchi)'가 젊은이들을 타깃으로 하는 패션 잡지 〈말하지 마(*Don't Tell It*)〉의 프로모션을 위해 제작한 광고였던 것이다. 이 광고는 영국의 세계적인 광고대행사가 냉소적이고 반항적인 X세대를 겨냥해 제작한 것으로서, 1990년대 영국 광고계의 흐름을 알 수 있게 한다.

영국뿐만 아니라 다른 나라에서도 폭력장면이 삽입된 광고들로 인해 논란이 많이 일어난다. 사회 일각에서는 이런 종류의 광고들이 젊은 소비자들의 반사회적 행동을 조장할 수 있다고 경고하기도 한다. 우리는 광고를 사회학적으로 분석하고 비평하려고 할 때, 다음과 같은 몇 가지 의문스러운 이슈를 제기할 수 있다.

1) 광고와 사회적 일탈행위(deviated behavior)

광고와 사회적 일탈행위 조장의 상관관계를 쉽게 규명할 수는 없지만, 사회변화에 민감한 반응을 보이는 광고주들, 혹은 사회변화추구를 통해 폭발적 판촉효과를 얻고자 하는 광고주들이 사회적 일탈행위를 가져올 수도 있는 광고를 서슴지 않고 러닝하는 것은 문제가 될 수 있다. 일례로 광고 중에 자아정체성(self-identity) 광고(일명 자아발견 유도 광고)가 많은데, 자아정체성 광고란 소비자로 하여금 광고를 통해 자아를 발견하고 확립하도록 유도하여 자연스럽게 제품을 구매하게끔 하는 광고라고 할 수 있다. 그러나 광고 메시지가 자아발견을 무리하게 유도한다든지 지극히 상업적인 목적 아래 개인주의, 대중사회에 대한 혐오감, 공동체의식의 파괴 등을 조장하는 내용을 담고 있다면 그것은 사회일탈행위 조장이라는 혐의를 받게 된다. 사회화(socialization)라는 카테고리를 벗어나 사회규범을 망가뜨리는 내용이 담겨 있거나 함축되어 있다면 그것은 건전한 시민사회 건설에 위해를 가져온다.

예를 들면, 과거 한국통신프리텔 016 광고가 그런 혐의를 갖는다. 신문에 게재된 첫 번째 전면광고를 보면, "아버지 나는 누구예요? 나는 뭐냐구요? 나는…… 나를 가장 잘 아는 건 나. 나를 가장 사랑하는 것도 나. 나에겐 나가 있다. 나만의 세상이 있다. 그 안에서 나는 주인공이다. 나는 공짜다. 세상을 다 갖고 싶다고? 그렇다면 먼저 나를 갖는 거야……. 세상을 다 가져라! 나만의 016 Na"라는 카피가 있다. 물론 이것은 'Na'라는 새 브랜드를 인지시키기 위한 카피일 것이다. 'Na'라는 브랜드의 발음이 '나'이기 때문에 '나'라는 용어를 많이 사용하려했다고 생각할 수 있다. 하지만 카피의 내용은 자아발견 및 확립보다는 사회적 일탈을 조장하는 내용("나만의 세상이 있다…… 세상을 다 가져라" 등)과 개인주의 조장의 혐의가 매우 강하게 나타난다.

두 번째 광고도 마찬가지이다. "너 내가 누군지 알어? 니가 나에 대해 뭘 알어, 응? 응?…… 나보다 더 나를 잘 아는 건 없다. 나보다 더 나

프리텔 016 Na 신문광고(2000)

자아정체성 광고의 대표적인 예라고 할 수 있지만,
사회적 일탈을 조장한다는 강한 혐의를 가진다.

016 Na TV광고 ― '아버지 나는 누구예요' 편(2000)

평범한 일반인을 모델로 한 친근감과 호기심을 콘셉트로 활용함으로써
광고계에 센세이션을 일으켰으며, 2000년 한 해 동안 네티즌들이 가장
많이 클릭한 최고의 광고로 선정되었다(NGTV집계).

를 사랑하는 것도 없다. 나만 있으면 나는 행복하다. 나는 공짜다. 세상을 다 갖고 싶어서 나는 나를 갖는다"는 카피도 역시 'Na'라는 브랜드를 인지시키는 것 이상으로 개인주의의 극대화를 통한 사회적 일탈을 조장한다고 할 수 있다. 젊은 소비자들을 그렇게까지 몰고 가야 하는 것일까? 특히 'Na'라는 브랜드를 만든 의도가 사회일탈을 조장하려 했다는 의심까지 들게 한다. 이런 광고를 미셸 페쇠(Michel Pecheux)의 분류방법에 따라 분석해 보면, 긍정적 자아발견으로의 유도를 통한 동일시(identification), 즉 주체의식의 확립을 꾀하기보다는 사회격리, 개인고립 등의 의식고취를 통해 소비자들의 사회일탈행위를 조장하고 독립적 개체화(쉽게 표현하면, 남보다 튀게 살도록 만드는 것)를 유도하는 역동일시(counter-identification) 현상을 초래할 수 있다.

또한 포스트모더니즘(postmodernism) 광고들도 사회적 일탈행위를 조장할 수 있다. 포스트모더니즘 광고란 기존질서와 룰(rule)을 무시하는 초현실주의적인 표현방식을 사용한 광고를 말한다. 기존질서를 무시하는 전위적(avant-garde) 형태를 표현하는 문화적 경향이 1960년대 후반부터 모든 분야의 예술사조에 나타나기 시작했는데 광고도 예외는 아니었다. 포스트모더니즘 광고에는 현실과 허구의 세계가 공존하고, 비합리성과 반형식성이 존재하며, 논리적 서술구조가 파괴되어 있다. 포스트모더니즘은 기존의 사회구조에 대한 반동적 저항으로 해석될 수 있는 사조이다. 요즘 광고 중에 어떤 광고에는 사람의 얼굴이 있어야 할 자리를 모자와 정수리 부위가 차지하고 있고, 어두운 표정의 모델 머리 위에 원뿔이 놓여 있다. 그리고 카피도 "Vitamins: that's the way my thought goes. Nothing needs to be accumulated……."로 되어 있다. 광고의 내용과 카피는 기성세대와

Pelle Pelle 광고(1997)
반사회적인 충동을 조장한다는 혐의를 가지는
광고의 사례

기존질서에 저항하는 반사회적인 충동을 자극한다는 혐의가 짙다. 광고주가 젊은 소비자들을 지나치게 반사회적 경향을 추구하는 존재로 인식하고 있는 것으로 보인다.

펠레펠레 광고도 반사회적 충동을 조장한다는 혐의를 갖고 있다. 유아 우유병 속에 이상한 것을 집어넣었으며 사람의 입에서 나온 카피는 "쥑인다. 97년 봄. Pelle Pelle. 이벤트는 기발한 세균이다. 빨리 전염되니까 쥑인다……" 라고 되어 있다. 이런 식의 광고 표현과 카피는 젊은이들에게 사회일탈을 부추기는 반사회적 광고라는 비난을 면하기 어렵다. 프랑스 철학자 알랭 핑켈크로트는《사유의 패배》라는 책에서 "록(rock) 음악이 모차르트를 대신하고, 광고 문구가 시(詩)를 대신하는 사회에서는 미디어 수용자는 산만한 주의력으로 소비문화를 형성한다"고 경고하고 있다.

2) 사회이슈 고발 광고와 사회병리 치유

사회이슈 고발 광고는 사회적으로 매우 중요하고 논란의 여지가 많은(controversial) 이슈들을 제시하거나 고발하기 위해 패러디(parody) 형태로 꾸민 광고를 말한다. 그 대표적인 예가 잠뱅이의 1997년도 광고 캠페인이다. 이 캠페인은 젊은이들의 낙태, 청소년들의 본드나 부탄가스 흡입 및 인스턴트(instant) 문화 등을 문제 삼고 고발하기 위해 제작되었다고 제작진은 밝혔다.

하지만 이 광고들은 한국광고자율심의기구로부터 광고게재 중지 명령을 받았다. 왜 그랬을까? 그것은 광고들이 인쇄광고라 할지라도 지면의 사진 자체가 충격적일 뿐만 아니라 긍정적 반면교사의 효과보다는 부정적 학습효과가 크다고 판단되었기 때문이다. 일단 사진 내용이 혐오감을 줄 수 있고 청소년의 모방심리를 자극할 수 있기에 심의기구는 중지 명령을 내린 것이다. 사회이슈 고발 광고는 소비자의 모방심리를 자극한다는 점에서 한계를 갖는다. 소비자는 잘못된 것을 지적해 주는 메시지를 보면 긍정적으로 학습해야 할 텐데, 오히려 잘못된 것에 흥미를 느끼고 그것을 모방하려는, 자아 속에 숨겨진 '현실-이상 동일시 욕구'를 점화시키게 된다(ignite effect). 실제로 영화를 보고 모방범죄를 저지른 사례가 여러 번 있다[영화 '보스'(1996)와 '주유소 습격사건 1'(1999) 등의 경우]. 이와 같이 사회이슈 고발 광고는 그 제작 의도와는 달리 사회병리를 치유하는 데 도움이 되기보다는 조장하는 쪽으로 평가되기 쉽기 때문에 제작자들은 조심할 필요가 있다. 하지만 SK 텔레콤의 학교폭력추방 캠페인같이 사회병리 치료의 대안을 제시하는 방식의 광고는 긍정적 평가를 받았다.

잠뱅이 광고(1997)

경쟁적인 광고시장에서 소비자의 주의를 끌기 위해 종종 '충격요법'이 사용된다. 베네통과 잠뱅이가 대표적인 예인데, 이들의 광고는 항상 인권단체, 사회단체의 반발을 불러일으키는 경향이 있다. 이들의 광고를 일명 '사회이슈 고발광고'라고 한다. 위의 사진은 낙태시술과 청소년 본드흡입 장면이다. 그리고 맨 아래 시험관 속에 들어 있는 뇌를 바라보는 여성 모델의 모습이 흥미롭다.

보건복지부 금연광고, 가족 편(2007)

아버지의 흡연은 가족들에게 간접적으로 흡연을 경험하게 하는 것과
마찬가지라는 경고적 의미를 담고 있는 공익광고이다. 그러나 어린 딸에게
입으로 담배 연기를 뿜어내 주는 아버지의 모습이 너무 잔혹하다는 비판을
받고 있다.

공익광고의 잔혹성

영국에서 잔혹성으로 논란이 되었던 광고(왼쪽)와
흡연은 사람을 살해하는 것과 같다는 것을 암시하는 광고(오른쪽)

3) 광고와 라이프 스타일(life-style)의 변화

현대 소비자들은 하루에도 수많은 광고에 노출되면서 광고의 영향력 아래 놓여 있다. 그렇다면 광고는 소비자들의 라이프 스타일을 변화시키는 것일까? 그러한 변화는 대규모 사회변동(social change)을 가져오는 것일까? 아니면 광고는 변화된 라이프 스타일을 쫓아가기에 급급한 것일까? 변화되는 과정 속에 있는 사회적 행태를 반영하는 것일까? 물론 한쪽만 옳을 수도 있고, 두 측면이 다 옳을 수도 있다. 필자의 견해로는, 소비자에게 생기는 약간의 변화가 광고계에 캐치(catch)되면 크리에이터는 그 변화를 예술적으로 혹은 설득력 있게 묘사하여 광고를 만들고, 그 광고에 감동과 재미를 느낀 소비자가 구전(words-of-mouth)을 통해 친지들에게 광고의 내용이나 몇 마디 카피를 전파함으로써 광고효과는 증폭되고 사회 전반에 그 내용이 확산되는 결과를 가져오게 된다.

우리 사회의 전통적인 미덕 가운데 하나는 '일편단심 민들레'식의 사랑 방법이다. 이성을 만나 마음에 들면 지속적으로 사랑하는 것이 우리의 미덕으로 여겨져 왔다. 그러나 한솔 엠닷컴의 광고 가운데, "상관하지 말라고. 내가 니 거야? 난 누구에게도 갈 수 있어"라는 카피는 현대의 이성교제 방식에 변화가 일어나고 있음을 보여 준다. 이성교제에서 파트너를 자주 바꾸는 사회적 변화가 광고계에 감지되고 이러한 현상이 광고로 표현되어 인기를 끌게 되면서, 파트너를 쉽게 바꾸는 행태는 더욱 확산될 것이다. 왜냐하면 광고가 파트너를 바꾸는 행태에 묵시적으로 사회적인 동의와 명분을 주었기 때문이다. 광고는 사회변화를 주도하기보다는 이미 시작된 사회 변화에 촉진제 역할을 함으로써 사회

한솔 엠닷컴 018 광고(2013)
소비자들의 라이프 스타일의
변화를 부추기는 경향이 강한
광고의 사례

변화를 확산시키는 데 지대한 영
향을 미친다고 봐야 한다. 특히
한 번 인기를 끈 광고 카피는 TV
의 오락 프로그램에서 연예인들
이 반복 사용함으로써 사회 변화
에 더욱 기여하게 된다. 이제 파
트너를 자주 바꾸는 젊은이는 바
람둥이로 묘사되지 않고, 오히려
그러한 연애가 젊은이들의 선망
의 대상이 되게 된 것이다.

삼성전자의 컬러 프린터 '마이
젯' CF(1999)는 프린터를 팔고
있는 것이 아니라 모델의 테크노
댄스를 팔고 있는 듯한 광고였다.
그만큼 모델의 춤이 소비자들의
입에 오르내렸다. 이 광고에 사용
된 'Get up going saint'라는 테
크노 음악은 당시 큰 인기를 끌
었다. 카스 맥주의 광고에서도
남자 모델이 DDR 기계에서 테
크노 댄스를 추고 있다. 광고계가
우리 사회에 테크노 댄스를 도입
하지는 않았겠지만 그 댄스의 확
산에는 크게 기여한 셈이다.

카스 맥주 광고(2013)

소비자들의 라이프 스타일의 변화를
부추기는 경향이 강한 광고의 사례

외래어 확산에도 마찬가지 논리가 적용된다. 특히 어린이 제품에 외래어로 된 브랜드 이름을 사용하고 그것을 광고할 때, 아이들은 은연중에 외래어를 습득하고 자연스럽게 느끼게 된다. 몇 년 전, 서울 YMCA 시청자 시민운동본부가 방송3사의 어린이 제품 CF를 조사한 결과, 전체 232개 중 59%인 137개가 외래어를 사용한 광고였다. 외래어 과다 사용은 어린이들에게 사행심 조장, 서구문화 지향 및 맹종 현상을 가져오게 할 수 있다. 세계화의 진정한 시작은 외래어의 과다 사용에 있는 것이 아니라, 외래문화에 대한 올바른 이해로부터 출발해야 한다. 서구문화 가운데 한국 사회에 필요한 부분을 선별해서 수용하는 지혜가 중요하며, 불필요한 부분이 광고에 의해서 신속히 확산되는 것을 막아야 한다.

4) 위해광고(위험성 조장 광고)의 실제적 위험성

대우 자동차 라노스 II 광고를 보면 남자 모델의 자동차 핸들워킹 (handle-working)에 매혹되면서도 한편으로는 혹시 위험하지 않은가 하는 의구심을 갖게 된다. '퍼펙트 튜닝(perfect tuning)'이라는 차의 특수 기능을 강조하기 위해 핸들을 마구 돌려서 모래사장 위에 자동차 바퀴 자국으로 "사랑해"라는 글자를 새기는 장면을 보면서 우리는 광고의 위해성을 생각하게 된다. 실제로 그것을 모방하는 소비자가 몇 명이나 될까 하고 생각할 수도 있다. 그러나 적은 수라도 그런 위험한 행위(차가 전복될 수도 있음)를 모방하게 하는 위력이 광고에 있기 때문에 2000년 3월 당시 재정경제부의 소비자정책심의위원회는 위해광고 기준을 만든 바 있다.

광고에는 표현의 자유와 함께 상업적 표현의 한계가 공존하고 있다. 예술적·영상적 창작이 사회적 위험성을 내포하고 있다면 제재를 받는 것은 당연하다 하겠다. 기업의 이윤보다 앞서는 것은 소비자의 이익과 안전이다. 이것은 사회주의적 발상에서 나온 아이디어가 아니라 기업의 존재가치를 소비자제일주의(consumerism)에서 찾으려는 사회공동체적인 사고방식이다.

대우 자동차 라노스Ⅱ 광고(2000)
자동차의 특수 기능을 강조하기 위해 핸들을 위험하게 돌리는
이미지를 보여 줌으로써 위해광고의 좋은 사례로 꼽힌다.

대우 자동차 프린스 광고

이 광고는 대우 자동차 회사가 호주의 어느 협곡에 가서 촬영한 것인데,
양쪽 절벽에 매달려 있는 구름다리를 대우 자동차 프린스가 매우 빠르게
달려 지나가는 장면을 보여 주고 있다. 프린스가 지나갈 때 다리가 무너지는
장면을 보여 줌으로써 프린스의 가속력을 강조하고 있지만, 실제로는
가능성이 낮은 상황이므로 위험을 조장하는 측면이 있다고 보여진다.

호주의 '코카콜라' 광고(2006)

버스 지붕에 올라서서 달리는 '버스 서핑'을 소재로 한 TV 광고로, 호주에서 승용차 지붕을 타고 '카 서핑'을 하던 10대 소년이 추락하여 사망하는 사고가 빈발하는 가운데 등장한 광고여서 더욱 사회적 물의를 빚었다. 이 광고는 한 청년이 달리는 버스 지붕 위에 올라서서 거리의 사람들로부터 환호를 받으며 달리던 중 해변가에서 버스가 급정거를 하자, 공중을 날아 물속에 빠졌다가 나오면서 "나는 괜찮아요"라고 소리치는 내용으로 되어 있다. 호주 광고 규제기관인 광고표준위원회는 이 광고가 위험한 행동을 조장한다고 하여 부적절 판단을 내렸다.

캐나다의 포드자동차 광고(2008)

캐나다의 포드 자동차회사가 속도를 과시하기 위해 "훔친 차처럼
운전하라"는 카피와 함께 신문에 게재한 전면 광고이다. 이 광고는 차량
절도와 과속 운전을 부추긴다는 이유로 철회되었는데, 이에 대해 캐나다의
경찰청 대변인은 인터뷰를 통해 "포드 측에서 차량 절도 및 과속 위험 운전을
조장하려는 의도가 아니었다고 해도 경찰은 이 광고가 차량 절도 및 과속
운전에 대한 메시지를 암시적으로 전달할 수 있다"고 보고 이와 같은 조치를
취하게 되었다고 밝혔다.

게임기기 회사 플레이 스테이션 (Play Station) 광고

위의 세 광고는 플레이 스테이션 때문에 인형들의 인기가 떨어지고
인형들이 자살을 시도한다는 내용으로, 목을 매달려고 하는
테디 베어와 약으로 자살을 시도하는 아기 인형, 손목을 절단하여
자살하려고 하는 바비 인형을 보여 주고 있다.

그리고 아래의 광고는 여성이 짚고 있는 쿠션들의 모양이 플레이
스테이션의 버튼 모양으로 되어 있고 털이 붙어 있는데, 이는 여성이
남편 몰래 플레이 스테이션과 바람이 났다는 것을 묘사하고 있다.

옥션의 '속궁합 청바지' 광고(2006)

인터넷 장터 옥션이 2006년에 '죽이게 잼나는 씨엡 시리즈'라는 이름으로 내놓은 6편의 영상 광고는 학원 폭력, 사람의 사체 등을 희화화한 광고로, 네티즌들의 많은 비난을 받았다. 그중 한 편인 '속궁합 청바지'편(아래 첫 번째 사진)에서는 두 남녀가 방 안에서 이야기를 나누다가 남자가 여자의 청바지를 벗기려 하는데 바지가 잘 벗겨지지 않자, "속궁합이 맞는 청바지를 찾으신다면 옥션!"이라는 문구가 나온다. '그들만의 쇼핑'편(아래 세 번째 사진)에서는 남녀 불량배 학생 4명이 학생들을 구타하고 여러 가지 물품을 빼앗는데, 이 상황을 중계하는 남성과 여성의 목소리가 배경에 깔린다. "일단 맞고 시작하는데요. 바지 한 벌 나왔네요. 쓸 만하군요. 윗도리는 캘빈클라인, 아이팟나노가 나왔습니다…." 마지막에 불량배 남학생이 피해자 학생에게 "너는 이제부터 별명이 옥션이다, 옥션!"하고 말한다. 물품 갈취를 쇼핑에 비유한 것이다. '독한뇬'에서는 여성이 강도에게 손가방을 뺏기지 않으려다가 손가방을 든 채 팔이 잘리는데, 강도는 여성의 손목이 잘린 채 붙어 있는 손가방을 보면서 "독한뇬, 옥션 가면 다 있는데"라고 말한다.
'시체놀이'편(아래 두 번째 사진)에서는 한 여성이 해변에 떠 있는 시신을 배경으로 셀프 사진을 찍는 장면에서 "인생에는 명장면이 널려 있다"라는 황당한 자막이 깔린다.

청바지 벗기고…

시체 앞에서 장난

골목에서 돈 뺏기

플레이 스테이션의 PSP
(Play Station Portable) 광고(2006)

네덜란드 내에서 한정적으로 전개된 PSP 화이트 버전 광고 캠페인은 흑인 여성의 얼굴을 사납게 거머쥐고 있는 백인 여성의 모습에 'PlayStation Portable White is coming'이라는 문구를 삽입함으로써 인종차별을 조장한다는 논란을 불러일으켰다.

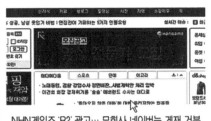

포털에 웬 '암살전문가' 구인광고?

NHN게임즈 'R2' 광고… 모회사 네이버는 게재 거부

'암살전문가 모집, 도발·암살에
능한 18세 이상 지원 가능.' 다중
접속역할수행게임(MMORPG) 'R
2'의 배너광고(사진) 문구다.
NHN의 자회사 NHN게임즈가
게임포털 한게임을 통해 제공하는
'R2'가 자극적인 광고로 논란을

일으키고 있다.
이 배너광고는 한때 포털사이트
다음의 상단에 한눈에 들어오도록
배치됐다. 아무리 18세 이상을 대
상으로 한다지만 도를 넘어선 광
고문구란 의견이 지배적이다.
한게임은 15일 'R2'의 2번째 에

피소드를 업데이트하면서 '암살
자' 캐릭터를 추가했다. 이에 맞춰
NHN게임즈는 다음 네이버 네이
트 등 검색포털에 대대적인 광고
마케팅을 기획한 것.
하지만 모회사 네이버가 광고의
자극성이 자체 심의기준을 벗어난
다는 이유로 게재를 거부하면서
다음과 네이트에만 올리게 됐다.
문제가 일면서 네이트와 다음의
'R2' 배너광고는 중단됐다.
현재 인터넷광고는 지난 1월 심
의기구(한국인터넷광고심의기구)
가 발족했지만 강제성이 없어 포
털이 자체 심의를 진행하고 있다.
하지만 이번 'R2' 광고처럼 인터
넷포털마다 자체 심의기준이 달
라 게재 여부가 엇갈리는 실정이
다.

김희정 기자 dontsigh@

온라인게임 광고 "암살전문가 모집"

'암살전문가모집' '도박·암살에 능한 18세 이상 지원가능'
한게임은 R2의 두 번째 에피소드인 '2nd Revolution'을 오는 15일 업데이트하면서
게임 캐릭터를 추가시킬 예정이다. 이 캐릭터는 은신과 독을 이용한 암살자인 어쌔신.
그러나 게임캐릭터 콘셉트에 적절한 홍보를 위해 선택한 문구 치고는 자극적이라는
지적이 나오고 있다. −중간생략− 그러나 NHN입장은 '문제 될 것이 없다'는 입장이다.
NHN관계자는 "광고문구에 한게임이라는 로고가 들어가 있어 실제 암살 전문가
모집으로 오해할 가능성은 낮고, 이 정도 수준이면 괜찮을 것 같다는 내부 평가가
있어 집행하게 됐다"고 말했다.

5) 유행어 창출 광고의 사회적 영향력

광고에 의해서 유행어가 창출될 때, 그것은 사회에 긍정적 영향을
미칠까 아니면 부정적 영향을 미칠까? 결론부터 말하면, 좋은 내용의
유행어는 긍정적 영향을 줄 것이고, 내용이 저속한 유행어는 부정적
영향을 초래할 것이다. 하지만 저속한 유행어를 사용한 광고라도 일

단 유행하기만 하면 판매촉진 효과를 가져올 것이다. 일단 카피가 유행하게 되면, 사회 구성원의 언어생활은 저속해지더라도 광고에 의한 판촉효과는 높아지는 것이 분명하다. 1975년 라면 광고에 등장한 유행어를 예로 들어 보자. 삼양 라면이 절대우위를 차지하고 있던 당시 라면 시장에 농심 라면이 등장하면서 "형님 먼저 아우 먼저"라는 카피를 내놓았는데, 이 말이 빠르게 인구에 회자되기 시작하였다. 라면의 질을 강조한 내용이 아니라 라면 문화를 8음절로 표현한 이 광고 카피가 크게 유행하면서 슬슬 시장점유율을 바꾸더니 지금은 농심 라면이 70% 이상의 점유율을 차지하게 되었다. 이 유행어는 서민적이면서도 훈훈한 인정을 일깨우는 우수한 내용이었기에 지금까지도 인구에 회자된다. "잘 자, 내 꿈 꿔"라는 016 광고의 카피는 과거 대히트작이었다. 1999년 말에 첫 선을 보인 이 광고가 인기를 끌게 되자, 광고주는 2개월 동안 CF에 25억 원을 쏟아 부었다. 소비자들은 하루에 최고 20번까지 이 광고에 노출되기도 하였다. 젊은 커플들과 부부들은 당시 이 말을 꼭 하고 난 후 잠자리에 들 정도였다고 한다. 가히 가공할 만한 광고효과이다. 이렇게 긍정적 영향을 미치는 유행어도 있지만 "왕입니다요", "짱이야" 등의 광고 유행어는 청소년들의 언어생활에 그다지 좋은 영향을 주었다고는 할 수 없다.

KTF 광고 '쇼를 하라'(2007)

2007년에 등장한 영상전화서비스 KTF의 '쇼를 하라' 광고는
많은 유행어를 창출해 냈다. 5월부터 등장한 이 광고는 "쇼를
하라"에서부터 "쇼 곱하기 쇼 곱하기 쇼 곱하기 쇼는 쇼!"라는
유행어를 창출해 냈으며, 2007년 대한민국 광고대상을 수상했다.
KTF는 2007년도 매출이 7조 2,933억 원, 당기순이익 2,441억 원을
발표했으며, 이 매출은 사상 최고를 기록했다.
"쇼를 하라"고 말하는 것은 흔히 지나친 행동을 하는 경우를
가리키는 부정적인 말이었으나 KTF는 "이제 당당하게 자신의 개성을
표출하라"는 긍정적인 의미로 사용했다고 밝히고 있다.
하지만 중의적인 의미로 사용한 광고용어가 유행어가 됨으로써 과연
사회에 긍정적인 영향을 미쳤는지는 좀 생각해 볼 문제라고 본다.

6) 섹스어필 광고와 성(性)문화

1991년 공보처의 조사자료에 의하면 잡지광고만 5,000건 가운데 8.7%인 1,300건이 섹스어필 광고로 분류되었다. 그중 34%가 상품과 무관하게 소비자의 단순한 시선집중을 위한 광고였고, 31%는 남녀 간의 성관계를 암시하는 선정적 표현의 광고였으며, 모델 신체부위의 과잉노출 광고도 25%를 차지했다. 현행 법규상 과다한 성표현 광고는 형법, 미성년자보호법, 아동복지법 등에 의해 규제받을 수 있다. 그런데 이러한 섹스어필 광고는 페티시즘(fetishism)이나 스토킹(stocking) 같은 사회병리현상과 상관관계가 있는 것일까? 전혀 관계없는 것은 아니겠지만 큰 상관성을 갖고 있다고는 볼 수 없다. 광고보다는 섹스 영화가 더 깊은 연관성을 갖고 있을 것이다. 하지만 재종(Zajonc)이 주장한 단순노출효과(mere exposure effect)처럼 광고노출의 누적효과를 생각해 볼 때, 성표현의 누적효과와 강렬성을 고려해 본다면 광고의 부정적 영향도 무시할 수는 없을 것이다. 광고를 통해 과다한 성표현에 빈번하게 노출되면 수용자는 섹스 충동의 이상심리를 느낄 수 있다. 그것은 건전한 성문화를 저해하게 되며 변태성욕 등의 사회적 병리와 변태성욕에 의한 아동살해 등의 사회적 중범죄를 일으킬 수도 있다.

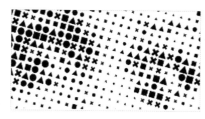

플레이 스테이션 2 광고(2006)
일본의 플레이 스테이션 2 광고는 매우 강한 섹스어필 광고라고 할 수 있다.

라바짜 커피 광고 →

볼보 자동차 광고 ↘

스포츠 브랜드 퓨마 광고 ↓

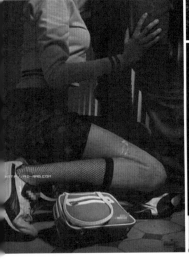

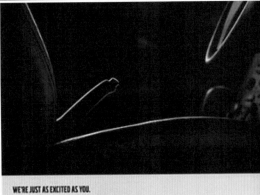

WE'RE JUST AS EXCITED AS YOU.

성적 소재를 사용한 광고들의 예. 위 예시들은
상품의 내용이 성적인 것과 무관함에도 불구하고
성적인 관심을 끌기 위해 만든 광고들로 추정된다.

KTF 광고 Show & Partners '제휴의 선을 넘다' 편(2008)

KTF Show의 새로운 광고 Show & Partners '제휴의 선을 넘다' 편은
곰 가족의 식사로 시작한다. 식사 도중에 딸의 임신 소식을 알게
되자 노발대발하는 아버지와 이에 맞서는 딸의 모습이 그려진다.
그 뒤에 벨이 울리고 토끼의 모습이 나타난다. 토끼는 "아버님,
제가 책임지겠습니다."라는 말로 아이의 아버지가 자신임을
밝힌다. 그러고는 '제휴의 선을 넘다' 라는 문구가 화면에 보인다.
이 장면을 두고 혼외정사의 주제를 아무렇지도 않게 광고로
내보내는 것과 주인공을 남성은 토끼, 여성은 곰으로 설정한 것에
대해서 논란이 있어 왔다.

캘빈 클라인 진 광고(2010)

미국의 캘빈 클라인 광고 또한 섹스어필 광고의 대명사이다.

7) 광고와 물질만능주의

광고는 하루에도 수없이 많은 상품들을 소개하고 노출시키고 있으며, 소비자들은 그런 환경 속에서 많은 상품정보를 얻고 있다. 이러한 광고는 소비자들에게 물질만능주의와 같은 물질적 욕구를 과다하게 자극하는 것일까? 상품정보 제공과 물욕 자극에는 어떤 함수관계가 있을까? 우리는 여기에 대한 해답을 내리기 전에 먼저 '광고가 과다한 소비를 조장하는가?'라는 의문을 제기할 수 있다. 광고의 지향점은 판매촉진에 있기 때문에 광고가 소비를 조장한다는 데 대해서는 "예스(yes)"라고 답할 수 있지만, 그 소비가 과다한지 적절한지에 대한 책임은 소비자에게 있다는 반론이 나올 수 있다. 하지만 막대한 수입을 약속하며 현대인의 일확천금 획득심리를 노리는 다단계 판매 광고들은 문제라고 볼 수 있다. 복권 광고도 마찬가지로 해석될 수 있고, 고급제품과 해외수입 브랜드의 과다광고도 사회계층 간 위화감을 조성한다는 문제점을 제기할 수 있다.

영국의 광고인 린다 그레이엄은 "광고란 항상 그것을 둘러싼 사회를 반영한다"고 주장하고 있다. 광고는 사회현상을 반영하고, 사회풍조를 확산시키며 유행을 주도할 수 있다. 광고의 사회적 기능이 긍정적으로 평가받기 위해서는 우리 모두의 진실된 노력이 필요하며, 광고의 사회적 역기능이 발견될 때는 적절히 수정, 보완할 수 있는 제도적 장치가 필요할 것이다.

3. 광고의 경제학

현대사회에서 광고의 기능은 크게 네 가지로 나뉜다. 첫째, 광고는 경제적 기능을 가진다. 광고는 기업의 판매촉진과 이윤창출에 지대한 영향을 미침으로써 국가 경제에 이바지할 수 있다. 둘째, 광고는 정보적 기능을 가진다. 광고는 상품의 정보를 담아서 소비자에게 전달하며, 소비자는 그런 정보를 바탕으로 상품을 구매하게 된다. 정보를 많이 담지 못한 광고는 제품 이미지나 브랜드의 이름이라도 그 나름대로의 목적을 갖고 소비자에게 전달하게 된다. 셋째, 광고는 매스미디어의 지원 및 다양한 문화창출 기능을 가진다. 광고는 매스미디어의 주 수입원으로, 다양한 미디어 기업을 활성화시킨다. 또한 광고는 대중문화에 다양성을 부여하고 선택의 폭을 넓혀 줌으로써 다양한 대중문화를 창출한다. 마지막으로, 광고는 공익자금 형성 기능을 가진다. 방송광고를 통해 엄청난 액수의 공익자금이 형성될 수 있으며, 이로써 방송 및 문화사업을 수행할 수 있다.

이와 같이 광고는 사회·문화적 기능과 함께 경제적으로도 매우 큰 기능을 가진다. 광고가 기업의 상품 판매촉진을 위한 도구로 기업의 중요한 목적인 이윤추구에 영향을 미치는 것은 물론이거니와 미디어 기업의 주 수입원이며, 또한 문화사업을 위한 공익자금을 형성하기도 하는 것이다. 이러한 기능을 통해 광고는 산업발전과 경제성장, 그리고 대량생산과 대량소비, 가격저하, 대기업체제의 유지 및 투자촉진의 경제적 역할을 한다. 하지만 광고가 과연 기업의 이윤창출에 긍정적인 영향만을 미치는지, 광고가 자원의 효율적인 배치를 돕는 친경쟁적 요인인지, 혹은 반경쟁적 요인인지, 광고가 과연 소비자에게 제품구매 결정에 도움이 되는 정보를 제공하는지에 대한 이슈들은 끊임없이 제기되고 있다.

1) 광고와 시장경제

벤 바그디키언(Ben Bagdikian)은 그의 저서인 《미디어 모노폴리(*Media Monopoly*)》에서 우리가 신문을 구독하는 것은 값비싼 '공짜 점심'을 먹는 것과 같다고 주장했다. 이는 기업들이 신문에 많은 광고를 게재함으로써 광고가 신문사의 주 수입원이 되고, 신문대금은 매우 저렴해질 수밖에 없어 우리가 공짜로 신문을 보는 것이라고 생각할 수 있다는 것이다. 하지만 기업이 신문광고에 투자한 막대한 돈을 상품판매를 통해 소비자들로부터 환수해 가기 때문에 우리는 결국 비싼 돈을 주고 신문을 보는 셈이라는 것이다. 이렇듯 광고는 기업의 판매수익 및 이윤창출과 직결되는 행위로서 기업에게 없어서는 안 될 중요한 커뮤니케이션 영역이다.

광고는 상품경제의 발전과 함께한다. 특히 현대 광고는 산업자본주의의 성립과 발전과정에서 필수 불가결한 제도였다(Ewen, 1976).[20] 산업자본주의는 미디어와 광고산업을 후원하여 자본축적에 필요한 대중 소비문화를 확립하고, 광고주들은 소비자들로부터 광고비를 징수하여 저널리즘과 대중문화를 지원했다(김승수, 2011).[21]

이 밖에도 광고는 수용자의 상품 선택 및 소비자 의식에도 긍정적인 영향을 미쳤다. 강준만(2000)[22]은 광고가 소비자의 구매력과 무관하게 누구나 살 수 있는 상품을 소개함으로써 소비자 평등의 가능성을 열어 놓았다고 밝히고 있다. 이와 같이 광고는 소비자에게 정보를 제공하고 기업 간의 경쟁을 촉진한다. 광고는 기업뿐만 아니라 상품 간의, 그리고 노동 간의 경쟁적인 환경을 조성한다. 광고는 판매를 증진하거나 소비자의 브랜드 충성도를 강화하기 위한 경쟁적인 행동이며, 시장이 경쟁적일수록 광고의 필요성이 커진다. 이러한 경쟁촉진 기능은 기업의 고용과 임금, 가격과 품질 등에 직·간접적으로 영향을 준다. 이와 관련해 마크 알비온 등은 "광고는 새로운 시장이 성장하는 것을 돕고, 기업이 시장 속으로 새롭게 진입하려는 시도를 가속화시킬 수 있다. 그러나 광고가 시장의 최종 크기를 결정하는 중요 요인이라는 점에는 의심의 여지가 있다. 오히려다른 요소들이 수요의 증가에 훨씬 더 중요하다. 광고는 극도로 제한되어 있으며, 주로 신상품과 새로운 서비스를 알리는 데 국한된다"고 주장했다(Albion, M. & Farris, P., 1981, 179쪽).[23]

반면에 광고는 기업의 통제수단이라는 주장도 있다(J. K. Galbraith, 1952, 1958).[24] 광고는 기업의 설득수단으로 광고로 인해 시장 지배력을 가지게 되므로, 기업 간의 경쟁력을 약화시키고 새로운 기업의 시장 진입을 방해한다는 것이다. 과점시장에서 새로운 진입자를 막는 방법은 '브랜드 확산'으로, 이는 잠재적인 틈새시장을 축소시키며 더불어 효과적인 브랜드 이미지 광고는 새로운 사업자의 시장 진입을 어렵게 만든다고 본다.

2) 광고의 정치경제학적 접근

앞에서 말했듯이, 광고는 시장을 유지하며 발전시키는 데 큰 역할을 한다. 광고주는 새로운 상품이나 서비스를 생산, 공급하여 시장을 형성하며, 광고는 상표를 통해 기업과 상품의 정체성을 만든다.

그러나 광고가 언제나 시장경제에 긍정적인 역할을 하는 것은 아니다. 그 예로 광고가 독점자본의 독점이윤을 얻는 데 중요한 역할을 한다는 주장을 들 수 있다(J. K. Galbraith, 1952, 1958). 비판적인 시각에서 자본주의와 광고의 관계를 살펴본 관점이 바로 정치경제학적 접근이다. 이는 자본주의의 입장을 일방적으로 두둔하기보다는 자본과 광고, 시민의 관계를 마르크스적 접근, 즉 광고가 토지귀족의 이익과 같은 특정한 이익을 반영하는 '지력(知力)의 표현'이라고 본다.

마르크스는 그의 저서에서 "모든 신문광고는 지력의 표현이다. 그렇다고 광고를 문학이라고 할 수는 없다. 토지는 스스로 말할 능력이 없으며, 말할 수 있는 것은 토지 주인밖에 없다. 따라서 토지가 자신의 권리를 주장하려면 지력이라는 형식을 갖고 표현해야 한다"(마르크스, 陳力丹, 김승수, 2011, 12쪽에서 재인용)고 하였다. 이는 자본의 힘이 광고라는 지적 소통 수단에까지 미친다는 의미로 풀이된다(김승수, 2011). 즉, 광고는 자본의 논리이지 도구가 아니며, 지적·정신적 소통의 수단이다.

마르크스는 그의 저서《독일 이데올로기》에서 광고는 물질적 소통을 도와주고, 정신적 소통을 촉진하는 사회적 수단임을 강조했다. 하지만 광고의 힘이 커지면서 광고주가 신문 내용을 마음대로 바꾸는 횡포를 비판했다(마르크스, 1996, 154쪽).[25] 나아가 광고지력론에서는 광고를 자본가의 이윤수단, 지배도구로 여기는 광고자본론을 비판하고 있다.

광고지력론은 광고를 시민대중의 의식을 통제하는 유력한 수단으로 보고, 광고주와 국가는 광고의 지배권을 포기하지 않는다고 주장한다. 이와 관련해 김병희(2009, 79쪽)[26]는 광고가 수용자의 관심을 "사회적이며 정치적인 쟁점으로부터 자아도취적이고 사적인 관심"으로 돌린다고 본다. 이러한 주장은 현재 광고와 광고주, 그리고 미디어 기업의 관계를 살펴보면 더욱 명확해진다.

광고주는 광고비를 매개로 미디어 내용을 통제한다. 특히 기업들은 단지 상품을 만들어 파는 것이 아니라 소비자를 정신적으로 설득하는 과정을 거치는데, 이는 미디어의 광고를 통해서 수행된다. 자본주의 체제에서 기업은 저널리즘과 대중문화를 이용해 대량으로 상품을 판매하며, 불평등한 구조를 유지한다. 광고는 경제적이며 문화적인 함축성을 가진다. 더불어 장기적이고 누적적인 효과로 사회의식에 영향을 미친다.

광고주는 이러한 미디어의 실제적인 주인이다. 이러한 광고자원의 지배는 사회의식과 국가정책에도 영향을 미치는데, 베이커(Baker, 1994, 100쪽)[27]는 이를 두고 '광고주 검열제도(advertiser censorship)'라 불렀으며, 리처즈(Richards et al, 2009, 106쪽)[28]는 '경제적 검열(economic censorship)'이라 불렀다. 하지만 광고는 미디어 기업의 이윤 획득과 축적을 가능하게 하기 때문에 미디어 자본에서 광고는 필수적인 묘약이 될 수밖에 없다(Fuchs, 2011, 27쪽).[29]

한편, 광고주는 자본 편을 드는 미디어를 골라 광고비를 몰아준다. 따라서 광고는 생산과 소비의 중심에서 자본축적에 기여한다. 광고주는 광고비와 광고 내용을 무기로 정치적 · 이념적 · 문화적 영향력을 행사하며, 광고 내용은 사회의식을 통제한다. 이러한 자본주의 생산방식을 광고자본주의라 할 수 있다.

앞에서 이야기한 벤 바그디키언의 '공짜 점심'에서 알 수 있듯이 신문의 구독자인 소비자는 광고비의 실질적인 부담자임에도 불구하고 광고 통제권을 광고주에게 빼앗기고, 단순히 광고 소비자로 전락한다. 광고자본주의는 이러한 광고 자본권을 인정하는 반면, 시민대중이 광고를 지배하지 못하게 한다.

(1) 자본주의 사회의 소비의식

광고는 시장경제를 활성화하는 기능을 하는 동시에, 경쟁을 촉진하는 기능도 가진다. 그러나 시장경제 활성화의 이면에는 광고에 천문학적 자본을 투입할 만한 재벌기업에 광고 지배권이 집중되어 독점자본이 독점이윤을 얻게 하는 데 중요한 역할을 하며, 경쟁촉진은 원가절감으로 이어져 노동자들의 해고와 비정규직, 그리고 저임금의 문제를 발생시킨다. 한스 바이스(Hans Weiss)는 거대한 독점기업이 브랜드 이미지 관리에 거액을 투자하면서도 생산 여건을 개선하는 데는 인색하여 끔찍한 근로환경, 빈곤, 인권침해를 초래한다고 주장했다(바이스 외, 2008, 19쪽).[30]

한편, 이러한 특징을 갖는 광고는 자본의 효율성을 증대시킨다. 광고주는 상품판매 가격에 광고비를 포함시키고 자신들에게 유리한 자본의 효율성을 구현할 목적으로 사용한다. 이러한 과정에서 자본효율성은 노동효율성으로 대체되고, 생산 부문에 종사하는 노동자는 이윤 압박에 시달리게 된다. 즉, 소비자는 상품가격에 포함된 광고비를 부담해야 하고, 수용자는 자신들이 광고비를 부담함에도 불구하고 어떤 선택권도 얻지 못한 채 광고에 무차별적으로 노출된다.

한편, 광고는 소비를 삶의 정체성으로 만듦으로써 자본축적에 기여한다. 이는 소비문화로 대표되고, 사람들은 이러한 소비문화 속에서 삶을 영위하며, 소비를 통해 정체성을 획득하려고 한다. 윌리엄스(Williams, 김성기 외 역, 2010, 112쪽)[31]는 광고가 사람들의 필요와 욕구를 창출하고, 그것을 충족시키는 방법을 제시하고 있다고 말한다. 광고가 사람들의 필요와 욕구를 자극하는 것은 부정적으로만 볼 것은 아니다. 물질적 생존 수단의 창출, 새로운 욕구의 생산, 인간의 재생산은 사람들이 지속적으로 생존할 수 있도록 만드는 요건도 되기 때문이다(마르크스와 엥겔스, 박재희 역, 1988, 56~58쪽).[32] 하지만 여기서 문제는 광고가 사람들의 생활에 필수적인 상품의 소비를 촉진하는 것을 넘어 과잉소비와 사치소비를 유도한다는 점이다.

로위(Lowy, 2010)[33]는 자본주의 시장의 합리성은 사람의 '자연적 욕구(genuine needs)'보다는 '인위적 욕구(artificial needs)'를 자극함으로써 구현된다고 했다. 상품에 대한 자연적인 욕구를 통해 소비자는 삶에서 실질적인 편익을 추구하지만 반면에 인위적인 욕구는 상징적·사치적인 편익을 찾게 한다. 실제로 사치품이나 고가의 상품광고를 살펴보면 광고된 상품과 실제 상품이 관계가 없는 경우가 많다. 케이시(Casey, et al., 2008, 7쪽)[34]는 다음과 같이 상품광고의 환상에 대해 말한다.

첫째, 광고주는 자신의 이익을 위해 광고 내용을 왜곡한다. 광고는 사실상 선전 도구이다. 둘째, 대기업은 광고비를 투입하면서 자신이 만든 제품의 질과 무관하게 광고 메시지 시스템을 장악한다. 셋째, 광고주는 자연식품보다는 가공식품에 광고를 더 집중하는데, 이는 가공식품의 수익이 더 많기 때문이다. 넷째, 광고 내용에서 정보의 비중은 더 낮아진다. 다섯째, 광고는 자본의 가치를 반영하는 담론이다.

케이시는 광고가 상품의 필요성보다는 인간의 욕망에서 상품의 본질을 찾을 수 있다는 점에 주목한다고 주장한다. 광고는 상품의 기능과 필요성을 설명하기보다는 대중적인 호소력을 가진 스타를 통해 이미지를 판매하고, 사람들의 욕망을 자극한다(김승수, 2011). 이에 따라 광고비를 많이 쓰면 마치 상품의 우수성과 대중성, 그리고 혁신성을 담보하는 듯하지만, 광고비와 품질은 사실 서로 무관하다(Casey, et al., 2008).

대부업체의 TV 광고(2007)

위 사진은 한 대부업체의 케이블 TV 광고로, 연예인들이 "무이자 무이자 무이자"를 반복적으로 노래하고 있는 화면이다. 심지어 아이들까지도 이 노래를 따라서 흥얼거리고 있어 문제가 되기도 하였다. 이처럼 대부업체들은 유명 연예인들을 내세워 '1개월 무이자' 등 대출 상품을 집중적으로 홍보하고 있다. 그러나 이러한 대부업체 광고들은 대부업체라는 사실을 잘 드러내지 않고, 연이자율과 연체율을 정확하게 전달하지 않을 뿐더러, 대부업체를 이용하면 신용등급이 낮아진다는 사실을 알리지 않고 있다. 또한 '40일 무이자'와 같은 솔깃한 서비스를 받을 수 있는 소비자는 극히 드물고, '30분 내 대출'은 사실상 불가능하며, '누구나 대출이 가능하다'고 홍보하고 있지만 대출 승인율이 30%에 불과한 점 등에 대해 금융감독원의 시정조치를 받았다.

(2) 수용자상품론

수용자상품론(theory of audience commodity)은 매스미디어의 결정적인 기능이 이데올로기를 소비자에게 파는 것이 아니라 수용자를 광고주에게 판매하는 것이라고 본다(Smythe, D., 1977).[35] 따라서 이 이론은 매스미디어가 자본순환의 한 가지 계기로서 수용자를 창출하고 판매하는 방식에 주목하고, 이 계기를 결정적인 것으로 강조해 매스미디어가 하나의 광고수단으로서 자본에 대해 수행하는 직접적인 순기능 역할에 초점을 맞추고 있 다.

이를 주장한 대표적 학자인 스마이드(Smythe, D., 1977)는 대중매체와 수용자의 관계에서 매체가 수용자상품(audience commodity)을 생산하고, 수용자는 대중매체를 시청하면서 일반상품의 소비를 촉진시켜 경제의 순환에 참여한다고 본다. 곧, 매체와 수용자, 광고회사와 시청률조사기관 간의 관계에서 볼 때, 수용자의 시청행위는 수용자상품으로 생산되는 것과 동시에 전체 경제를 완료시키는 소비에 대한 수요창출의 역할을 하는 것이다. 수용자는 그들을 사는 광고주들을 위해 특정 상표의 상품을 사고, 그에 따른 수입을 지출하도록 학습된다.

스마이드에 의하면 미디어, 특히 텔레비전의 시청행위는 수용자의 노동행위가 되며, 이러한 시청행위가 상품을 생산해 이윤을 창출하고자 하는 기업의 압력하에 이루어진다고 한다. 따라서 시청행위 그 자체는 수용자상품으로 팔려 나가는 경제적 기능을 수행하고, 동시에 전체 자본주의의 생산관계 내로 편입되는 과정을 겪게 된다는 것이다. 그러므로 시청행위는 자본주의의 생산양식 내에서 자본주의의 생산관계와 조응하는 사회관계로서의, 자본주의의 재생산을 위한 사회적 관계로 파악된다. 이러한 사회적 연관을 가장 적절하게 보여주는 것이 임금노동자와 노동력을 사는 자본가 사이의 노동이라는 개념이며, 이러한 의미에서 시청 역시 노동과 유비를 형성하고 있다. 또한 시청행위는 여가시간과 노동력의 재생산 시간을 구성하고 있는데, 기존의 정치경제학적 연구에서 다소 간과되어 온 부분으로 정치경제학적 영역을 고찰하는 데 중심적인 개념이 될 수 있다.

자본주의 사회에서 대중매체는 수용자에게 광고를 전달하는 가장 중요한 시스템으로 기능하게 된다. 대중매체와 수용자의 관계에서 이러한 시스템은 대중매체가 자본을 위한 경제적 기능을 수행하고 있음을 제시하고, 이러한 경제적 기능은 수용자상품을 생산하고 있다. 이에 대하여 스마이드는 다음과 같이 주장한다.

"광고비용으로 광고주들은 무엇을 사는가……(그들이 사는 것은) 특별한 커뮤니케이션 수단(TV, 라디오, 신문, 잡지, 광고판 등) 상의 특별한 시간에 예측 가능한 형태로 주목하고 있는 수용자 서비스이다…… 어떻게 하여 광고주들은 수용자를 산 그 시간에 그들이 지불한 바를 얻을 것이라는 확신을 할 수 있을까…… 전달되는 수용자나 가독성의 사회경제적 특징 및 크기는 닐슨 사나 빠른 속도로 수용자상품 전달에 대한 조사를 전문으로 하는 다른 경쟁자들의 사업이다(1977, 4~5쪽)."

즉, 매스미디어가 수용자상품을 생산하는 것이 아니고 수용자 스스로가 시청하는 노동에 의해 수용자상품의 생산에 참여한다는 것이다. 따라서 매스미디어의 프로그램 내용은 사람들이 시청하도록 유인하는 공짜 점심이며 미디어가 생산하는 실제의 것은 수용자상품이다. 또한 광고주들은 수용자로 하여금 스스로를 시장상품이 되게 한다. 결국 수용자가 시청행위를 한다는 것은 스스로 상품의 생산에 노동력을 투여한다는 것을 의미하며, 매체 소유자는 생산된 수용자 상품을 교환함으로써 이익을 얻는다.

다시 말해, 수용자상품의 가치를 구성하는 것은 상품의 속성이 아니라 수용자가 미디어에 노출되는 노동의 속성이며, 이에 관해 리반트(Livant, 1979)[36]는 수용자상품론에서 수용자의 시청행위에 대한 맥락을 수용자에게 무엇을 주는가(정보나 오락 등)에 의해서가 아니라, 수용자에게서 무엇을 뺏어 오는가에 의해 파악한다. 결국 매스미디어는 독점자본 광고주들의 상품판매를 위해 안정된 수용자 집단을 창출하고 그에 따라 생산의 순환을 완성하는 소비 성향을 발생시킨다. 따라서 미디어는 양적으로는 경성 이슈(공공쟁점, 정치 등)보다는 연성 이슈(선정적 이슈, 오락물)를 생산하고 제공하며, 지배세력 중심의 이데올로기적인 편향의 문제가 나타난다는 것이다.

주(註)

1) 이득재 외(1993), 《광고의 신화, 욕망, 이미지》, 현실문화연구.

최창섭·문영숙(1992), 〈광고비평에 대한 이론적, 방법론적 접근〉, 《광고연구》, 제15호, 205~225쪽.

원용진(1997), 《광고문화비평》, 한나래.

2) J. Sinclair(1987), *Image Incorporate: Advertising as Industry and Ideology*, London: Croom Helm. pp.35~41.

3) 보드리야르, 배영달 역(1999), 《사물의 체계》, 백의, 250쪽.

4) 엄창호(2004), 《광고의 레토릭》, 한울아카데미.

5) 이기형(2004), 〈광고비평과 문화연구 접합을 위한 하나의 시론〉, 《광고 비평의 이해》, 김영찬 편, 한울.

6) Morley, D. & Chen, KH.(1996), *Stuart Hall: Critical Dialogues in Cultural Studies*, New York: Routledge.

강내희(1996), 《문화론의 문제설정》, 문화과학사.

7) 원용진(2002), 《대중문화의 패러다임》, 한나래.

전경갑·오창호(2003), 《문화적 인간, 인간적 문화:기호학과 문화이론》, 푸른사상.

8) 강내희(1996), 《문화론의 문제설정》, 문화과학사.

강명구(1993), 《소비대중문화와 포스트모더니즘》, 민음사.

Grossberg, L.(1997), *Bringing It All Back Home*, Durham: Duke University Press.

9) 빈센트 모스코, 김지운 역(1998), 《커뮤니케이션 정치경제학》, 나남.

10) 존 스토리, 박모 역(1999), 《문화연구와 문화이론》, 현실문화연구.

11) 김성기(1998), 〈한국에서의 문화연구 : 문화 포퓰리즘〉, 《현대사회와 대중문화》, 강현두 편, 나남.

12) 더글러스 켈너, 김수정·정종희 역(1997), 《미디어 문화》, 새물결.

13) 더글러스 켈너, 김수정·정종희 역(1997), 《미디어 문화 : 영화, 랩, MTV, 광고, 마돈나, 패션, 사이버펑크》, 새물결.

14) 이동연(2010), 《문화자본의 시대》, 문화과학사, 109쪽.

15) Grossberg, L., Nelson, C., & Treichler, P.(1992), *Cultural Studies*. New York: Routledge.

16) 원용진(2000), 《광고문화비평》, 한나래.

17) Nava, M. et al.(eds)(1997). *Buy This Book: Studies in Advertising and Consumption*, New York: Routledge.

18) Baudrillard, J. (1981), *For Critique of the Political Economy of the Sign*, St. Louis: Telos Press.

19) Slater, D. (1997), *Consumer Culture*, London: Blackwell.

20) Ewen, S.(1976), *Captains of Consciousness*. NY: McGraw Hill(1st edition). 《광고와 대중소비문화》, 최현철 역(1998), 나남.

21) 김승수(2011), 〈광고자본주의 정치경제학〉, 《방송통신연구》, 통권 76호, 9~35쪽.

22) 강준만(2000), 《대중문화의 겉과 속》, 인물과 사상.

23) Mark Albion, M. & Farris, P.(1981), *The Advertising Controversy*, Boston: Auburn House.

24) J. K. Galbraith(1952), *American Capitalism: The Concept of Countervailing Power*, Boston, MA: Haughton Mifflin.

J. K. Galbraith(1958), *The Affluent Society*, Boston: Haughton Mifflin.

25) Marx, K.(1956), 전태국 역(1996), 《마르크스의 초기저작》, 열음사.

26) 김병희(2009), 〈이데올로기 비평〉, 《광고비평방법》, 강승구 외, 나남.

27) Baker, C. E.(1994), *Advertising and a Democratic Press*, Princeton University Press.

28) Richards, J. I. et al.(2009), "Economic Censorship and Free Speech". J. Turow, et al(eds). *The Advertising and Consumer Culture Reader*. Routledge. pp.91~109.

29) Fuchs, C.(2011), *Foundations of Critical Media and Information Studies*, London: Routledge

30) 한스 바이스 외, 손주희 역(2008), 《나쁜 기업》, 프로메테우스 출판사.

31) Williams, R.(1976), *Keywords*. Fontana. 《키워드》, 김성기 외 역(2010), 민음사.

32) Marx, K. & Engels, F.(1976), *German Ideology*, Moscow: Progress Publihsers. 《독일 이데올로기 I》, 박재희 역(1998), 청년사.

33) Lowy, M.(2010), "Advertising is a serious health threat to the environment", *The Monthly Review*, January.

34) Casey, B. et al.(2008), *Television Studies*. London: Routledge.

35) Smythe, D. W.(1977), "Communications: Blindspot of western Marxism", *Canadian Journal of Political and Social Theory*, vol,1. no 3.

36) Livant, B.(1979), "The audience commodity: On the blindspot debate". *Canadian Journal of Political and Social Theory*, vol,3. no 2.

광고와
언어학적
사고

'일상적인 자연언어나
과학적인 메타언어들'은
별처럼 일직선으로 날아가고,
'시인의 언어'는 나비처럼
복잡한 곡선을 긋고 움직인다.

이어령, 수필 〈벌의 언어와 나비의 언어〉 중에서

•
•
•

1. 광고와 논리학

현대 광고는 논리학과 밀접한 연관이 있다. 특히 광고의 메세지 부분은 논리학에서 사용되는 네 가지 원리, 즉 추론, 증명, 명제, 논증 등의 원리에 기반하여 창작된다고 볼 수 있다. 더 나아가 광고 전체의 서술 구조와 영상 이미지조차도 이 네 가지 논리학의 원리를 기반으로 할 때가 있다. 광고에서 논리학의 네 가지 원리가 어떻게 이용되는지 실례를 들어 살펴보기로 하자.

**1) 추론

추론(inference, reasoning)이란 일정한 자료나 증거로부터 출발하여 결론에 다다르는 과정을 의미한다. 우리는 사는 동안 많은 경험을 하게 되는데, 이런 경험 속에서 어떤 규칙성을 발견하고 추론을 하게 된다. 그러므로 인생은 추론의 방법을 배우는 오랜 교육기간이라고 할 수 있다. 추론에는 귀납법과 연역법이 있다.

(1) 귀납법

귀납법(induction)은 구체적인 많은 실례나 사례에서 출발하여 일반적인 결론을 유도하는 방법이다. 예를 들면 다음과 같다.

① 서울은 사람이 많이 살고 대기가 오염되어 있다.

② 도쿄는 인구가 1천만 명이 넘으며 대기가 오염되어 있다.

③ 뉴욕은 인구가 무척 많으며 대기오염이 심하다.

④ LA는 많은 사람이 살고 있으며 대기오염이 심하다.

결론: 그러므로 인구가 많은 대도시는 대기가 오염되어 있다.

위의 네 문장에서 발견할 수 있는 공통점은 서울, 도쿄, 뉴욕 그리고 LA 같은 도시에는 인구가 많고, 대기가 오염되어 있다는 사실이다. 그래서 "인구가 많은 대도시는 대기가 오염되어 있다"는 결론을 도출해 낼 수 있다. 이렇게 낱낱의 구체적 사실로부터 공통점을 구하여 거기서 일반 법칙을 찾아내는 추론방법이 바로 귀납법이다. 귀납법에는 크게 일반화의 방법과 유추의 방법이 있다.

(가) 일반화

자연계에서는 동일한 조건하에서는 동일한 사건이 발생하는데, 이 자연현상의 획일성은 다소 작은 규모이지만 인간에게서도 나타난다. 이는 두 현상 모두가 개연성의 한계를 벗어나지 못하기 때문인데, 이런 이유로 어떤 현상을 통한 일반화(generalization)가 가능하게 된다. 바람직한 일반화의 요건으로는 다음의 세 가지를 들 수 있다.

① 연구사례와 전체사례(모집단)의 차가 작을수록 더 좋다

② 연구사례가 전형적, 즉 대표적인 사례가 되어야 한다. 자연계에서도 불순물이 섞인 물의 경우에는 빙점 실험에서 오차가 생길 수 있기 때문이다.

③ 부정적 또는 예외적인 사례가 나타나면 이것은 반드시 해명되
　어야 한다.

　이러한 일반화 방법의 예를 광고에서 찾아보자. 다음은 선경그룹
(현재 SK그룹)의 기업광고이다.

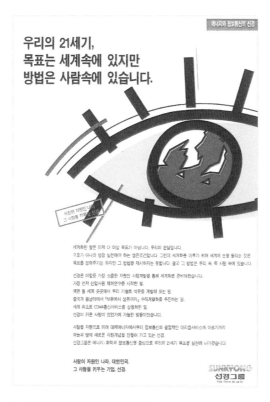

일반화(귀납적 추론) 광고의 예

일반화의 사례: 선경그룹 광고

우리의 21세기, 목표는 세계 속에 있지만 방법은 사람 속에 있습니다.

세계화란 말은 이제 더 이상 목표가 아닙니다. 우리의 현실입니다.
…… 중략 …… 세계화를 이루기 위해 …… 결국 그 방법은 우리 속, 즉
사람 속에 있습니다.

선경은 이렇듯 가장 소중한 자원인 사람개발을 통해 세계화를 준비해
왔습니다.
가장 먼저 신입사원 해외연수를 시작한 일.
예멘 등 세계 곳곳에서 우리 기술로 석유를 개발해 오는 일.
중국과 동남아에서 '석유에서 섬유까지' 수직계열화를 추진하는 일.
세계 최초로 CDMA 통신서비스를 상용화한 일.
선경이 키운 사람이 있었기에 가능한 일들이었습니다.

사람을 자원으로…… 새로운 자원개념을 만들어 가고 있는 선경.
선경그룹은 에너지·화학과 정보통신을 중심으로 우리의 21세기 목표를
실현해 나가겠습니다.

사람이 자원인 나라, 대한민국.
그 사람을 키우는 기업, 선경.

위의 글은 앞의 선경그룹 광고 카피이다. 이 카피에서 결론적으로
말하고 있는 것은 "선경이 사람을 키웠기 때문에 세계화가 가능했다"
는 것이다. 이런 사실을 일반화하기 위해서는 몇 개의 개별적 사실들
이 뒷받침되어야 하는데, 그 사실로는 ① 가장 먼저 해외연수를 시작
한 일, ② 예멘 등 세계 곳곳에서 석유를 개발한 일, ③ 동남아에서 수
직계열화를 추진한 일, ④ 세계 최초로 CDMA 통신서비스를 상용화
한 일들을 들 수 있다. 이런 사실들은 선경이 세계화를 이루어 냈다는

결론을 뒷받침해 주며, 이런 사실들로부터 선경이 사람을 키운 것이 세계화의 원인이라는 공통점을 발견하게 해 준다.

(나) 유 추

연역법에서도 쓰일 수 있는데, 주로 귀납법에서 두 개의 사례를 비교할 때 쓰인다. 이를 성립시키는 원칙으로는, 첫째, 두 사례가 중요한 점에서 유사해야 하고, 둘째, 두 사례의 상이점은 중요하지 않거나 관련성이 없는 것으로 간주되어야 한다.

유추의 사례 1

> '벌'은 꽃을 향해서 곧바로 날아간다. 그것들은 가능만 하다면 최단 거리를 일직선을 택해 날려 할 것이다. 그러나 '나비'는 그렇지가 않다. 나비는 곧장 꽃을 향해서 나는 법은 없다. 그것들은 위로 아래로 혹은 좌우로 변화무쌍한 곡선을 그린다. 언어도 마찬가지이다. 의미를 전달한다는 같은 목적이라 할지라도 '벌의 언어'와 '나비의 언어'는 서로 다르다. 꽃 그리고 꿀. 언어에 있어서 그것은 하나의 메시지이다. '일상적인 자연언어나 과학적인 메타언어들'은 벌처럼 일직선으로 날아가고, '시인의 언어'는 나비처럼 복잡한 곡선을 긋고 움직인다.
>
> – 이어령, 수필 〈벌의 언어와 나비의 언어〉 중에서 –

위의 글에서 우리가 알 수 있는 것은 벌의 비행법과 나비의 비행법이 다르다는 것이며, 이 분류로부터 벌의 비행법과 같은 언어방식과 나비의 비행법과 같은 언어방식의 개념을 도출해 낼 수 있다. 이와 같이 이미 알고 있는 사실로부터 미지의 사실 혹은 연관된 사실을 추리하는 방법을 유추라고 한다. 위의 사실을 도식화하면 다음과 같다.

유추의 사례 2: 대교 광고

어린이의 눈엔 저마다의 꿈이 있습니다.
그 꿈을 키워 주는 나라마다의 교육철학,
우리나라에는 눈높이가 있습니다.
철학이 있는 가르침 눈높이 교육, 대교.

어린이	⋯⋯▶	꿈
각 나라	⋯⋯▶	교육철학
우리나라	⋯⋯▶	눈높이 교육(철학이 있는 가르침)

즉, 어린이와 꿈이 연결되고 있고, 각 나라와 교육철학이 매치되고 있다. 여기서 우리나라라는 개념과 눈높이 교육이라는 개념이 유추되어 결론 맺어지고 있다. 이렇게 유추의 추리방법은 카피에서 소비자들에게 명쾌한 논리성을 제공함으로써 과연 그렇구나 하는 감탄을 자아내게 할 수도 있다.

(2) 연역법

추론의 두 번째 방법으로 연역법(deduction)이 있다. 연역법은 일반적인 진리에서 출발하여 특수한 진리를 끌어내는 것으로서, 이미 알고 있는 어떤 진리에 근거하여 참된 논리적 인식에 도달하는 방법이며, 주로 삼단논법(syllogism)의 형태를 취한다. 삼단논법이라 함은 대전제가 있고, 그것과 관련된 소전제가 제시되며, 그 둘의 상관성으로부터 결론을 도출해 내는 방법이다. 예를 들면, 다음과 같다.

대전제: 모든 인간은 죽는다.

소전제: 진시황은 인간이다.

결　론: 그러므로 진시황도 죽는다(죽었다).

(가) 표준형(범주적) 삼단논법

표준형 삼단논법은 카테고리에 의해 추론하는 방법이다. 예를 들면, "침엽수(개념 B)는 상록수(개념 A)이다"라는 명제는 누구나 인정할 수 있는 대전제이다. 여기에 전혀 상관없는 개념 C인 소나무를 대입하여 개념 B인 침엽수를 끌어들인다. 여기서 끌어들여진 개념 B인 침엽수는 원래 개념 A인 상록수와 연결되어 있기 때문에 상록수는 자동으로 개념 C인 소나무와 연결이 되고 소나무와 상록수가 하나의 카테고리 속에 묶여진다. 이것을 도식화하면 다음과 같다.

대전제: 침엽수는 상록수이다.　　　　상위개념 A: 상록수

소전제: 소나무는 침엽수이다.　　　　중간개념 B: 침엽수

결　론: 그러므로 소나무는 상록수이다.　하위개념 C: 소나무

표준형 삼단논법　　　　　　대전제: B(침엽수) → A(상록수)

　　　　　　　　　　　　소전제: C(소나무) → B(침엽수)

　　　　　　　　　　　　결　론: C(소나무) → A(상록수)

표준형 삼단논법의 사례 1: 쌍용 광고

'김 씨 아줌마네' 거니까!

올해로 20년째. 김 씨 아줌마는 요즘도 새벽 3시면 수산시장에서 가장 신선한
생선을 가져다 놓습니다. 그날 팔다 남은 생선은 다음날 팔지 않는다는 자신과의
약속도 굳게 지키고 있습니다.
장모님은 이 동네에서 몇 십 년째 사십니다만 다른 생선가게에 가 본 적이 없답니다.
김 씨 아줌마네 생선은 신선하다는 믿음, 바로 그것이 20년 단골의 이유입니다.

작은 약속을 지키는 것에서부터 큰 믿음은 시작됩니다.
쌍용은 그동안 쌓아 온 믿음을 소중히 가꿔 자신과의 약속, 고객과의 약속,
사회와의 약속을 지키는 신뢰의 기업이 되겠습니다.
믿음이 최고를 만듭니다.

위의 광고 카피는 전형적인 표준형 삼단논법의 원리를 이용한 것
이다. 다음과 같이 분석해 볼 수 있다.

대전제: <u>약속을 지키는 상인</u>은 <u>믿음직스럽다</u>.
         개념 B   개념 A

소전제: <u>쌍용</u>은 <u>약속을 지키는 상인(기업)</u>이다.
      개념 C   개념 B

결 론: <u>쌍용</u>은 <u>믿음직스런 상인(기업)</u>이다.
      개념 C   개념 A

표준형 삼단논법의 사례 2: 던킨 도너츠 광고

커피의 신선함이 살아 있는 시간은 18분!
던킨 도너츠 커피는 그 신선함을 위하여
18분이 지난 커피는 판매하지 않습니다.

위의 카피는 결론이 생략되어 있다. 그러나 그 원리는 표준형 삼단
논법이다.

대전제:　**18분은　커피의 신선함을 유지하는 시간**
　　　　　개념B　　　　　개념 A

소전제:　**던킨 도너츠 커피는　18분만을 사용함**(18분이 지나면 버림)
　　　　　　개념 C　　　　　개념 B

결　론:　**던킨 도너츠 커피는　늘 신선하다.**(유추된 결론)
　　　　　　개념 C　　　　　개념 A

(나) 선택적 삼단논법

선택적 삼단논법은 ' ~가 아니면'에 의한 추론으로 전개되는 삼단논법이다. 첫째 단계에서 두 개의 가능성을 확정하며, 둘째 단계에서 어느 조건에 따라 그 중 하나를 제외한다. 그러고는 나머지 하나를 결론적으로 선택하게 되는 삼단논법이다.

<table>
<tr><td>A가 아니면 B이다.</td><td></td><td>A가 아니면 B이다.</td></tr>
<tr><td>B는 아니다.</td><td>(또는 역으로)</td><td>B다.</td></tr>
<tr><td>그러므로 A이다.</td><td></td><td>그러므로 A는 아니다.</td></tr>
</table>

선택적 삼단논법의 사례: 썬업 광고

어느 오렌지주스를 드시겠습니까?
유통기한 10개월 ― 상온에서 10개월 이상 유통되는 병주스
유통기한 15일 ― 냉장상태에서 15일간 유통되는 썬업
매일 썬업은 정말 Fresh합니다.
썬업은 75°C에서 살균처리 제조하여 급속냉각시킨 후
특수 포장된 베리어팩에 담아 냉장상태에서 15일간 유통되는 주스입니다.
그래서 썬업은 정말 신선합니다.

상온에서 유통기한 **10개월 주스** 개념 A	냉장에서 유통기한 **15일 주스** 개념 B

A가 아니면 B이다. 그런데 냉장에서 15일간만 유통되는 주스는 오직 B(썬업)이다. 그러므로 A(다른 주스)는 마시지 말라.

이런 선택적 삼단논법을 이용한 카피는 보통 비교광고의 전략을 위해 많이 채택된다. 카피 자체가 도전적이고 선택적이며, 소비자에게 선택과 결단을 요구하는 성격이 강하다.

하지만 카피의 강렬함 때문에 소비자가 제품에 대해 극단적으로 부정적인 태도를 새롭게 형성할 수도 있으므로 조심할 필요가 있다. 이 선택적 삼단논법은 유사 제품들에 대해 중립적인 태도를 가진 소비자들이 많다고 판단될 때 적극 사용할 수 있는 카피의 논리적 전략이라고 할 수 있다.

(다) 조건적 삼단논법

조건적 삼단논법은 '~이라면'에 의한 추론으로 전개되는 삼단논법인데, 조건이 충족되면 결론이 필연적으로 뒤따른다는 원리를 기반으로 한다. 예를 들면, 다음과 같이 '만약에'라는 말로 시작되는 논법이다.

만약에 A라면, B이다.
A이다.
그러므로 B이다.

조건적 삼단논법의 사례: 콜드주스 광고

여러분, 만약에 이런 주스가 있다면

세계 명문의 오렌지 농장에서 갓 따낸 싱싱한 오렌지로 현장에서 바로
생과즙을 짜서, 생과즙 맛을 유지하는 최적온도의 냉장수송선으로
우리나라에 실어 온다고 합시다. 이 생과즙을 함께 넣어 만든 주스를 6겹의
냉장보호 포장에 담아 가정에 직접 배달하거나, 전용 냉장차로 소매점에
배달하여 소매점에서는 최적온도가 유지되는 냉장고에 보관하였다가 소비자
여러분들께 드린다고 합시다.

과연 이 맛이 어떨까요?

드디어 우리나라에도 콜드주스 시대가 열렸습니다.
생과즙 오렌지의 맛을 델몬트 콜드주스로 즐기십시오.
냉장유통주스 ― 콜드

만약에 A라는 조건의 주스가 있다면 맛이 신선한 주스(B)이다.

A조건: ㉠ 해외 오렌지 농장산
        ㉡ 생과즙
        ㉢ 냉장수송선으로 운반
        ㉣ 6겹의 냉장보호 포장
        ㉤ 가정에 직접 배달 혹은 전용냉장차, 최적온도 냉장고 보관

그러므로 A조건의 주스는 맛이 신선하다(B).

[유추] : 그런데 델몬트 콜드주스는 A조건을 만족시키는 주스이므로 당연히 맛이 신선하다.

위의 조건적 삼단논법은 A라는 조건을 충족하느냐 그렇지 못하느냐 하는 것이 대단히 중요한데, 이 광고에서 콜드주스가 A라는 조건을 충족시키는 주스라는 사실을 강조함으로써 콜드주스는 맛이 신선하다는 결론을 추론해 내고 있다.

2) 증명(증거, 논거)

논리학의 두 번째 원리로는 증명(demonstration)이 있다. 우리가 특정 이슈에 대해 어떤 주장을 할 때, 어떤 객관적 사실을 토대로 증거를 제시하면 자신의 주장에 대하여 논리적 타당성을 인정받게 된다. 객관적 사실이나 통계자료 및 과학적 실험자료 등을 토대로 한 증명은 논리의 타당성을 확보할 수 있는 중요한 방법이다. 특히 비교광고에서 자사 제품을 타사 제품과 비교할 때 자사 제품이 우수하다는 것을 논리적으로 입증하지 못한다면 경쟁사와의 관계에서 심각한 문제가 발생할 수 있다. 과학적인 데이터를 증거로 하여 논리적으로 증명해야만 문제가 없을 것이다.

증명의 사례: 케어가글 광고

"구강질환의 원인인 입속 세균을 없애 주는 케어가글"

케어가글의 10대 효과

1. 치주염 예방
2. 구내염 예방
3. 입냄새 제거
4. 충치 예방
5. 감기 예방

6. 후두염 예방
7. 인두염 예방
8. 편도염 예방
9. 발치수술 후에
10. 구강수술 후에

100억 마리의 입속 세균, 양치질로는 부족합니다.
"입속 세균을 없애 주는 케어가글 액" (한미약품)

　　위 카피에서 우리가 알 수 있는 것은 케어가글이 10 가지 효능을 갖고 있다는 주장은, 그 효능에 대해 구체적으로 자료를 제시하여 증명하지 않고서는 설득력이 없다는 사실이다. 구체적 자료제시에 의한 증명은 소비자로 하여금 그 제품과 기업을 확실히 신뢰하게 한다.

3) 명 제

명제(thesis)는 논리학의 세 번째 원리로서 '논리적으로 진술된 의견'으로 정의되며, 어떤 판단에 대한 언급(언명)으로 부연설명될 수 있다. 그러나 "나는 B보다 A라는 영화배우를 좋아한다"와 같은 명제는 취향과 감정의 문제로서 명제라고 할 수가 없다. 반면에 "A는 B보다 훌륭한 화가이다"는 판단의 문제로서 명제라고 할 수 있다. 명제는 논증하는 사람 개인의 판단에 의해 쉽게 확인될 수 있는 것이 아니므로, 의심 또는 불신을 받을 수 있다.

명제는 사실명제와 당위명제, 그리고 대립명제와 동의명제로 구분된다. 사실명제는 "사실이 ~하다"는 형태로 문장이 구성된 명제이다. 이에 반해 당위명제는 " ~해야 한다" 또는 " ~해서는 안 된다"라는 형태의 명제이다.

한편, 대립명제와 동의명제는 결론에 도달하는 과정에서 처음에 제시된 명제를 뒷받침해 주는 것을 목적으로 사용되는 명제들이다. 대립명제는 처음 명제와 상반되는 내용의 명제로서 그 다음에 나오는 동의명제에 의해 논리적으로 부인되며, 파묻혀 소멸되도록 구성된 명제이다.

동의명제는 처음 명제를 뒷받침할 뿐만 아니라 앞에 나온 대립명제를 소멸시킬 정도로 강력하고 논리적이어서 커뮤니케이터가 의도한 결론에 도달하도록 하는 기능을 갖는 명제이다. 명제에 의한 논리방법의 원리는 변증법에서 그 기원을 찾을 수 있는데, 이 변증법의 원리로부터 대립명제와 동의명제의 개념이 시작되었다고 보는 것이 옳을 것이다.

변증법의 원리

Thesis(명제) ······▶ Antithesis(반대명제) ······▶ Synthesis(합명제)

　 * 명제 ······▶ 대립명제 ······▶ 동의명제 ······▶ 결론

　　한 여성단체가 사회에 존재하는 여성차별 현상을 깨뜨리기 위해 여성이 차별을 받고 있다는 주장을 하려고 할 때, 그 주장을 증명하기 위해 명제의 논리방법을 이용한다고 하면 다음과 같이 그 명제가 구성될 수 있다.

명　　제: 고용 및 퇴직 문제에서 여성은 차별대우를 받고 있다.
대립명제: 우리 사회에는 여성 국회의원, 여성 장관이 있다.
　　　　　남성과 여성은 교육의 기회가 평등하다.
　　　　　맞벌이 여성의 경우, 남편의 경제력에 의존하지 않아도 된다.
　　　　　주거환경이 여성 중심이다.
　　　　　헌법 제10조 1항은 "누구든지 성별에 의하여 경제적·사회적 차별을 받지 않는다."고 규정하고 있다.
동의명제: 대졸사원 모집공고에 응시자격을 '남자'만으로 한정한다.
　　　　　취업에 있어서 여성의 경우에는 많은 회사가 20대의 미혼여성만을 선호한다.
　　　　　취업 후에는 남녀 간의 봉급과 승진상의 차별이 있다.
　　　　　여성은 직업에 대한 집중력과 사명감이 모자란다고 주장된다.
　　　　　명예퇴직의 경우 여성은 퇴직대상 1순위이다.
결　　론: 여성은 한국 사회에서 차별대우를 받고 있다.

명제의 광고 사례: 숙명여대

울어라! 암탉아.
암탉이 울어야 세상이 바뀐다. 세상을 바꾸자. 부드럽게 바꾸자.
여자들이 하면 얼마나 하겠느냐. 이런 소리는 귓등으로 흘려도 좋습니다.
이 땅의 절반. 여자들이 바뀌면 세상도 바뀝니다.
더 부드럽고 더 살 맛 나는 세상을 만드는 일.
그 고요한 혁명. 숙명여대가 이끌고 있습니다.
현대 무용계의 살아 있는 신화 홍신자,
디자인 불모지와도 같았던 시대에 CI개념을 도입한 구정순,
민항기 최초 여성조종사 신수진……
여성 1호의 이름을 단 수많은 숙명의 딸들이
국내는 물론 세계 곳곳에서 올차게 움직이고 있습니다.
지금 교정에서는 세계화를 겨냥한 교육 프로그램에 따라
21세기를 이끌어 갈 여성지도자가 크고 있습니다.
세상 곳곳에서 숙명이 움직입니다.
세상이 부드럽게 바뀌고 있습니다.

명   제: 암탉이 울어야 세상이 바뀐다.
대립명제: 여자들이 하면 얼마나 하겠는가?
동의명제: 여성의 수가 절반
         숙명여대 출신
         *현대 무용계의 신화
         *CI 디자이너
         *민항기 최초 여성조종사   ……▶   여성 1호
결   론: 숙명이 세상을 바꾸고 있다.

4) 논증

논리학의 마지막 원리로는 상호충돌과 의문이 생겼을 때 이성에 호소하여 증명하는 논증(argument)이 있다. 논증이 성립하기 위해서는 공통의 관심사를 충족시켜야 하고 취향을 조정해야 한다. 보통 논증은 주로 역설적 표현을 통해서 이루어지며, 상대방과의 논리적 싸움에서 자신의 주장의 명확성과 논리성으로 승리하고자 할 때 주로 사용된다. 주장 자체가 다소 획기적이거나 역설적인 내용들이 많다.

논증의 사례: 빙그레 광고

아이스크림은 차가운 것이 아니라 사랑처럼 따뜻한 것입니다.

아이스크림을 함께 먹으면 사이가 더 가까워지지요?
어색했던 분위기와 미웠던 감정이 사르르 녹아 없어지지요?
퇴근길 아빠 손에 들린 아이스크림에 온 가족의 웃음소리가 커지고,
달콤한 사랑을 전하는 아이스크림에 연인들이 행복해지는 시간…….
빙그레는 작은 아이스크림 하나에도 따뜻한 마음과
사랑이 담겨 있다고 믿습니다.
아이스크림 하나가 보다 아름답고 따뜻한 세상을 만들 수
있다고 믿습니다.
그래서 더욱 신선하고 좋은 원료만을 사용하여 아이스크림의 품질을 높여
가고 있습니다.
그래서 앞으로도 꼭 듣고 싶은 한마디~
그래, 빙그레!

위의 광고 카피는 역설적인 헤드라인과 함께 역설적 주장을 증명하기 위해 논증의 방법으로 풀어 가고 있다. 아이스크림을 함께 먹음

아이스크림은 차가운 것이 아니라
사랑처럼 따뜻한 것입니다

아이스크림을 함께 먹으면 사이가 더 가까워지지요? 어색했던 분위
기와 미웠던 감정이 사르르 녹아 없어지지요? 최근길 이빠 손에
들린 아이스크림에 온 가족의 웃음소리가 커지고, 달콤한
사랑을 전하는 아이스크림에 연인들이 행복해지는
시간… 빙그레는 작은 아이스크림 하나에도 따뜻한
마음과 사랑이 담겨있다고 믿습니다. 아이스크
림 하나가 보다 아름답고 따뜻한 세상을
만들 수 있다고 믿습니다. 그래서 더
욱 신선하고 좋은 원료만을 사용
하여 아이스크림의 품질을
높여가고 있습니다.
그래서 앞으로도
꼭 듣고 싶은
한마디다~

'그래, 빙그레'

신선하고 좋은 원료로 정성껏 만드는 빙그레 아이스크림.
빙그레는 더욱 좋은 제품으로 보다 맛있던 세상을 만들기 위해 정성을 다하고 있습니다.

빙그레 아이스크림 광고
역설적인 주장을 논증으로 풀어 나간 대표적인 사례의 광고으로써 무슨 일이 일어날 수 있을까? 아이스크림은 어색한 분위기와 미운 감정을 사라지게 하고, 아빠가 사 온 아이스크림 때문에 가족들이 즐겁게 웃을 수 있고, 연인들이 아이스크림을 함께 먹으면서 행복해질 수 있다. 이런 사실들이, 아이스크림은 차가운 것이 아니라 사랑처럼 따뜻한 것이라는 역설적 주장을 논리적으로 증명해 주고 있다.

그런데 여기서 한 가지 알아야 할 것은, 논증방법은 일반 증명방법과 다르다는 것이다. 일반 증명방법은 객관적 자료와 과학적 데이터를 가지고 증명하는 데 반해, 논증방법은 다소 주관적 주장들에 의해 뒷받침되고 있다는 사실이다. 그래서 논증이라는 표현을 사용하는 것이며, 역설적 주장에 대해 다른 사람이 다른 주관적 주장을 함으로써 얼마든지 논리적 다툼으로 발전할 소지가 있다. 빙그레 광고에서도, 몇 가지 사례를 들어 사랑처럼 따뜻한 세상을 만들 수 있는 것은 아이스크림이라고 주장했지만 이것은 객관적이기보다는 주관적 논리에 의해 증명되었기 때문에, 다른 사람이 또 다른 주관적 주장을 한다면 그 논리에 의해 깨질 수 있는 소지를 안고 있다고 할 수 있다.

그러나 광고에서 이런 주관적 논리전개방식에 의해 카피를 작성하는 것은 위험성을 내포하고 있는 것도 사실이지만, 그 내용이 소비자들에게 신선한 충격을 줄 수 있다면 그것도 중요한 카피전략이라고 여겨진다.

2. 광고와 기호학

기호학을 완성한 학자로는 19세기 후반 유럽의 소쉬르(F. Saussure)
와 미국의 퍼스(C. S. Peirce)를 꼽을 수 있다. 이들은 언어의 구조를 연
구하고 언어의 기호(symbol)적인 의미들을 파헤쳐, 기호학의 태두로
자리 잡게 되었다. 특히 기호학의 창시자인 소쉬르와 동시대인이며
미국 실용주의(pragmatism) 철학의 창시자이자 논리학자인 퍼스는
현상학의 입장에서 기호학에 관한 논리를 전개하였다. 퍼스는 3분법
적 범주원리에 따라 기호를 그 대상과의 관계에 의하여 분석하고 분
류했다. 기호와 그 대상의 관계라는 것은 곧 기호가 그 대상을 나타내
는 표의양식(表意樣式)으로서, 퍼스는 그것을 유상기호, 지표기호, 상
징기호로 분류하고 있다.

1) 유상기호

유상(類像, icon)의 기호(sign)로서의 특성은 기호의 성질이 그 대상
의 성질과 유사하다는 점에 있다. 다시 말하면, 기호가 그 대상과 유
사한 어떤 성질이 있고 그 유사성(likeliness)으로 인하여 그 대상의 기
호가 되는 경우, 그 기호를 유상기호라고 한다. 퍼스는 "유상기호는
사물로서 그것이 지니고 있는 성질이 기호가 되기에 적합한 것이다.
따라서 무엇이든 그것과 닮은 모든 것의 대체물이 되기에 적합하다"
고 주장한다.

유상기호는 그 대상과의 성격 및 유사성의 차이에 따라 여러 가지

밀카붐(Milka boom) 우유 광고(2011)
이미지 유상기호를 사용한 광고의 예

가 있다. 퍼스는 유상기호를 그 대상과의 유사성의 차이에 따라 이미지(image), 도식(圖式, diagram), 은유(隱喩, metaphor)의 3가지 종류로 구분한다.

(1) 이미지 유상기호

이미지 유상기호란 어떤 기호를 보거나 들으면 즉시 그 대상의 이미지가 떠오르는 것을 말한다. 이러한 이미지 유상기호를 사용한 광고로는 밀카붐(Milka boom) 우유 광고를 들 수 있다. 밀카붐 우유는 "Drink milk, feel lightness"라는 카피 아래 우유가 살짝 튄 부분이 비둘기 혹은 나비의 형태가 되어 날아가는 형상을 보여 준다. 이는 밀카붐 우유를 마시면, 나비 혹은 비둘기처럼 상쾌하고 가벼운 기분이 된다는 메시지를 담고 있다.

(2) 도식적 (기하학적) 유상기호

도식은 그 대상의 구조, 다시 말해서 그 대상을 구성하고 있는 여러 요소 또는 부분 사이의 관계를 표시하는 유상기호이다. 그것은 그 대상과의 구조상의 유사성에 입각한 도식적 또는 기하학적 유상기호이다.

그 예로 SK 이노베이션의 캠페인 광고를 들 수 있다. 이 광고에서 SK Innovation라는 용어에 A가 붙으면서 ASK Innovation이라는 용어로 변화하고 이 단어들은 연관성을 가지면서 궁극적으로 "물음이 있는 곳에 이노베이션이 있다"라는 카피로 연결되고 있다. 이런 단어식 카피의 도식적 유상기호 기법을 크리에이티브 측면에서 보충하기 위해 단어의 변화 과정을 타이핑하며 보여 준다.

SK 이노베이션 광고(2013)
도식적 유상기호를 사용한 광고의 예

(3) 은유식 유상기호

유상기호의 셋째 유형으로서 퍼스는 은유나 직유와 같은 표현형식을 제시한다. 은유는 어떤 일정한 성격을 지닌 사물을 끌어와서 그것과 비교하여 다른 사물의 유사한 성격을 이해시키는 표현법이라 하겠다. 초기 그리스도교에서는 교회를 상징하는 기호로서 배(船)를 사용하였는데, 그것은 배와 교회의 기능상 어떤 유사성에 바탕을 둔 것이다. 배는 승객을 파도로부터 보호하여 목적하는 곳에 실어다 준다. 이와 마찬가지로 교회도 사람을 세파에서 보호하여 인간의 궁극적인 목적지(하늘나라)로 인도해 준다. 이러한 은유적 유상기호의 기능은 예컨대 "시간은 금이다"라는 격언에서도 볼 수 있다.

은유식 유상기호를 사용한 예로는 이노센트 가구의 광고를 들 수 있다. 이 광고의 캐치프레이즈는 "이노센트 가구는 순수한 여자의 마음입니다"이다. 이 헤드라인 형태의 표어는 '무엇은 무엇이다'라는 식의 은유식 유상기호의 원리를 이용한 것인데, '이노센트 가구 = 순수한 여자의 마음 = 순수 가구'라는 공식을 낳는다. 가구 그 자체가 사람의 마음일 수는 없지만, 은유식 유상기호 방식을 충분히 활용한 카피이다.

이노센트 가구 광고
은유식 유상기호를 사용한 광고의 예

2) 지표기호

지표(指標, index)란 '그 대상에 의해 실제로 영향을 받고 그 사실에 의해 그 대상의 기호로서 기능하는 것'을 말한다. 퍼스의 이러한 정의를 좀 더 구체적으로 살펴보면 몇 가지 특성이 있다. 첫째, 지표는 유상처럼 그 지시대상과 특별히 중요한 유사성을 가지고 있지는 않다. 둘째, 지표는 그 대상과 물리적인 인접성(contiguity)을 가지고 있다. 셋째, 지표는 일방적으로 우리의 주의를 그 대상에 기울이게 한다. 퍼스가 열거한 지표의 구체적 종류 몇 가지를 들어 보면, 풍향계는 바람의 방향을 지시하며, 수은주의 높이는 기온을 지시하고, 문을 노크하는 소리는 손님이 왔다는 것을 알아차리게 하는 것 등이다.

아래 HSBC의 기업이미지 광고는 이러한 지표기호가 반영된 광고

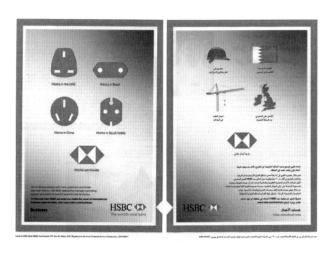

HSBC 광고(2009)
지표기호를 사용한 광고의 예

이다. HSBC는 각국에서의 경험을 자사의 로고를 변형해 지표로 만들어 표현하고 있다. 마지막으로 HSBC의 로고는 전 세계적인 경험이라는 의미로 세계적 기업이라는 의미를 강조한다.

3) 상징기호

"상징(象徵, symbol)기호는 일반관념의 조합에 의하여 그것이 지시하는 대상을 표의하는 기호이며, 이 경우 일반관념의 조합은 그 대상을 표의하는 것으로 해석되도록 작용한다"고 하는 것이 퍼스의 정의이다. 그는 다시 "상징은 그것을 사용하는 사람의 관념을 매개로 하여 그 대상과 결부되어 있으며, 그 연결은 매개물 없이는 존재할 수 없다"고 말하고 있다. 상징의 성격과 기능을 좀 더 구체적으로 검토해 보면, 유상이 그 대상과의 유사성에 의하여, 그리고 지표가 그 대상과의 실제적 연결의 양식에 의하여 특징지어지는 것과 같이 상징은 그것을 대상과 관계 맺는 매개로서의 제3의 요인, 곧 해석방식에 의하여 특징지어진다. 예를 들면 '장미'라는 기호는 곧 '사랑'을 의미하는데, 장미를 사랑으로 해석하는 방식에 의해 장미는 사랑을 상징하게 된다.

예를 들어, 동서식품의 맥심 광고를 살펴보자.

"그림자는 늘 고향 쪽으로 뻗어 있고, 붓은 언제나 사람들을 향해 달린다. 가슴이 따뜻한 사람과 만나고 싶다. 커피의 명작, 맥심. 동서식품."

여기에서 나오는 '가슴이 따뜻한 사람'이란 어구는 친구를 상징한다. 이 카피는 모델로 나온 작가 김은국 씨가 친구를 만나 맥심 (Maxim) 커피를 마시고 싶다는 메시지를 전달하고 있다. 이와 유사한 카피로 1989~1990년 에바스 화장품 광고의 헤드라인이었던 "여성들이여, 시계를 팽개치자!"라는 카피가 있다. 여기에서 '시계'라는 것은 일로부터 오는 스트레스를 상징한다. 이렇게 상징기호를 쓰는 광고 카피는 소비자로 하여금 그 의미를 생각하게 만들며, 그 광고의 내용이나 브랜드를 오래 기억하게 하는 역할을 한다.

4) 소쉬르의 기호학과 광고 카피

'signification'이란 용어는 영어와 프랑스어에서 똑같이 쓰이는 명사로, 영어로는 '시그니피케이션', 프랑스어로는 '시니피카시옹'으로 발음한다. 이 용어는 일반 사전적 해석으로는 의미, 뜻, 의의, 표시, 표의 등을 의미하지만, 언어학자나 기호학자에 따라 각양각색으로 정의되고 있다.

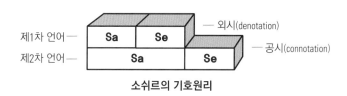

소쉬르의 기호원리

위의 그림은 아래와 같은 공식으로 표시할 수 있다.

$$signe \text{ (기호)} = \frac{signifiant \text{ (기호표현)}}{signifie \text{ (기호표의/내용)}}$$

소쉬르는 기호의 표현(signifiant)과 기호의 내용(signifie)이 떼려야 뗄 수 없는 두 측면임을 역설하였다. 앞의 공식에서 횡선은 바로 의미작용의 연관성(rapport)을 나타낸다.

다음으로, 외시와 공시의 대립적인 개념은 퍼스가 지적한 바와 같이 밀(J. S. Mill)에서 연유한 것으로, 현대 언어학에서 계승되고 있다. 외시(外示, denotation)는 어휘적 단위가 지니고 있는 의의가 안정된 요소로서 언어 공동체의 합의로 이루어지는 의미이므로 비주관적이고, 이에 비해 공시(共示, connotation)는 주관적인 의의로서 문맥에 따라 바뀔 수 있는 요소로 이루어져 있다. 다시 말해 외시는 기초적 언어 또는 제1차 언어이며, 공시는 수식적 언어 또는 제2차 언어라고 규정할 수 있다. 여기서 소쉬르의 의미작용의 관련성을 원용하면 다음과 같다.

제1차 언어 ····▸ Sa ⇒ 외시(denotation)

제2차 언어 ····▸ Se ⇒ 공시(connotation) ⇒ Sa + Se

제1차 언어인 외시는 제2차적 표의작용과의 관련에서 한 덩어리가 되어 새로운 기호표현을 형성하고 그 제2차적 표의작용은 다시 공시의 수준에 자리잡게 된다. 이 도식에서 우리는 공시라는 제2차 언어가 외시라는 제1차 언어와의 관련에 의해서 거기서 떨어져 나간 광범위한 파생체임을 알 수 있다.

옐름슬레우(L. Hjelmslev)는 이런 '외시·공시'의 관계를 외시 언어의 전체(기호표현과 기호내용)가 하나의 표현(expression, 기호표현)이 되어 하나의 새로운 내용(contenu, 기호내용), 곧 공시로 나타난다고 했다. 언어의 외시 기능은 기호에 관한 소쉬르 이론의 테두리에서 언어에 관련된 것이지만 공시의 기능은 언어학의 테두리를 넘어서는 것으로서 공시에 대한 연구는 기호론, 다시 말해서 언어기호에만 머무르지 않고 언어기호를 넘어서는 영역에 관련된다는 것이다.

1984년 5월 15일 스승의 날, 우리나라 각 조간신문에 게재된 쌍용그룹의 기업광고는 우리에게 진한 감동을 주었다. "오늘은 속이 불편하구나"라는 헤드라인과 함께 실린 카피는 우리에게 좋은 카피는 어떤 것인가 하는 교훈을 준다. 이 카피를 살펴보면 다음과 같다.

참으로 어려웠던 시절
그날도 선생님은 어김없이
두 개의 도시락을 가져오셨습니다.

어느 때는 그중 한 개를 선생님이 드시고
나머지를 우리에게 내놓곤 하셨는데
그날은 두 개의 도시락 모두를 우리에게 주시고는
오늘은 속이 불편하구나 하시며
교실 밖으로 나가셨습니다.

찬물 한 주발로 빈 속을 채우시고는
어린 마음들을 달래시려고
그 후 그렇게나 자주 속이 안 좋으셨다는 걸
깨닫게 된 것은 긴 세월이 지난 뒤였습니다.

선생님의 도시락으로 배를 채우고
선생님의 사랑으로 마음을 채운 우리는
······ 중략 ······

살아 계신다면
걸어오신 칠십 평생이 한 점 티 없으실,
그래서 자랑과 보람으로 주름진 선생님의 얼굴에
아직도 피어 계실 미소를 그리면서
그때의 제자들이 다시 되고픈 마음입니다. (쌍용)

쌍용그룹 기업광고

1984년 5월 15일 '스승의 날'을 기념하여 게재된 이 광고는
기호학적 측면에서 광고 카피의 외시와 공시의 관계를 매우
잘 나타내 주는 예이다.

　여기서 도시락이 중심단어로 등장하는데, 도시락의 외시적 기호
표현은 점심을 해결해 주며 쌀밥을 운반해 주는 도구일 뿐이다. 그러
나 이것이 공시적으로 분석되면 스승의 사랑이라는 기호내용을 표
의하게 된다. 또한 여기서 스승의 사랑이라는 기호는 모범의 표상과
희생과 헌신(쓰린 속을 물로 채움)이라는 시니피앙(signifiant)과 인생
의 궁극적 목표(준거의 표준)라는 시니피에(signifie)로 구분될 수 있
는 것이다. 광고 카피에서는 기호의 상징성과 외시 및 공시의 분석체

계를 통해 상징적 카피를 적절히 잘 구사했을 때 소비자들로부터 많은 공감을 얻을 수 있다.

참고문헌

소두영(1996), 《상징의 과학 기호학》, 인간사랑, 45~57쪽, 115~123쪽.
이승훈(1995), 《글을 어떻게 쓸 것인가》, 문학아카데미, 82쪽, 83쪽, 119~125쪽.
최상규(1995), 《글, 어떻게 쓸 것인가》, 정음사, 187~241쪽.

광고 와
철학적
사고

자본주의 사회의 광고 전략은 부의
불균형이라는 냉혹한 현실을 환상과
소망의 화사한 베일 뒤에 감추는 것이다.

버긴, 《소유》 중에서

．
．
．

1. 광고와 이데올로기

자본주의 체제는 이윤추구를 목적으로 하는 자본이 지배하는 경제 체제를 말한다. 이러한 체제하에서 광고의 목적은 상품의 판매, 혹은 소비자의 소비를 촉진함으로써 기업의 이윤을 남기는 데 있으므로, 광고의 이미지는 언제나 자본가 계급이 아닌 노동자 계급의 욕망과 환상을 다룬다. 광고의 이미지는 소비의 능력 차이로 사회적 차이가 발생하고, 기존의 계급모순인 자본 대 노동이 돈 많은 소비자와 돈 없는 사람이란 형태로 바뀌는 현상을 보여 줌으로써 노동자 계급에게는 변신을, 중산층에게는 일상의 변화를 약속한다. 여기서 광고는 소비를 통해 약속된 가상의 이미지들로 소비자들을 유혹한다. 소비자들은 소비를 함으로써 계급의 모순을 느끼지 못하게 되는데, 이는 기업이나 자본가를 이롭게 하며 자본주의 체제를 공고히 하는 계기가 된다. 이와 관련해 스튜어트 유언(Stuart Ewen, 1993)[1]은 자본주의 사회에서 인간은 그가 소유하는 것에 의해 설명될 수 있으며, 한 인간으로서의 특질은 그의 구매 능력에 정비례하여 판단된다고 한 바 있다.

김병희(2000)[2]는 현대 광고는 소비자의 소외를 먹고산다고 한다. 소비자의 욕망을 체현하는 과정에서 광고가 수용자의 주의를 사회적이며 정치적인 쟁점으로부터 자아도취적이며 사적인 관심으로 돌리고 있기 때문이다. 바로 이러한 광고의 속성에 이데올로기 비평은 주목한다. 광고가 지배계급의 이데올로기를 유포하고 사회 메커니즘을 공고히 한다는 것이다.

현대 광고는 고도의 상업적·문화적 코드를 이용해 지배계급의 이데올로기 생산과 재생산에 개입함으로써 사회적 불평등관계를 강화하고 구조적 모순을 더욱 심화시킨다. 스튜어트 유언(1993)은 "광고는 소비자를 효과적으로 창조하는 수단"이라고 하였다. 즉, 자본주의가 광고까지도 생산수단으로 삼게 되었다는 뜻이다. 광고는 자본주의 문화의 생명으로, 자연스럽게 생산보다는 소비를 강조한다. 따라서 광고는 자본주의에 대한 비판과 저항을 허용하지 않고 자본주의의 소비정신에 모든 사람들이 순응하고 굴복하게 만든다. 여기서 광고는 자본주의가 내포하는 사회적 모순을 희석화시키는 데 결정적인 역할을 하고, 생산과 소비라는 자본주의적 생산양식의 유지와 순환을 위해 요구되는 협업적인 커뮤니케이션 방식이 된다.

레이먼드 윌리엄스(1982)[3]는 이데올로기를 세 가지로 정리한다. 첫째, 특정한 계급 또는 집단에 특징적인 믿음의 체계, 둘째, 진정한 또는 과학적인 지식에 대비될 수 있는 환영적인 믿음들(허위사상이나 허위의식의 체계), 셋째, 의미와 사상을 산출하는 일반적 과정이 그것이다. 첫째와 둘째 정의는 초기 마르크시즘과 연계된 이데올로기의 주된 정의이며, 셋째 정의는 이데올로기 실천이 물질적인 토대나 상부구조 사이의 중복적인 결합에 의해 구성된 사회구성체(social formation) 안에서 상대적 자율성을 지닌다는 네오마르크시즘의 관점을 따른다.

즉, 광고에 대한 이데올로기 분석은 광고가 사회구성원들의 일상생활을 통제하고 사회관계를 지배한다는 전제 아래 지배계급의 체제

유지 수단이 되는 광고의 기능에 주목한다. 이는 광고나 텔레비전 프로그램 등 문화적 가공물들이 수용자를 향해 특정 지식과 입장을 생산하는 방식에 관심을 두는 것이 특징이다. 이때 문화적 가공물의 하나인 광고는 상업적 지배 권력인 광고주가 그들의 특권적인 지위를 유지하기 위해 특수한 역사적 맥락에서 생산하고 있다는 것을 가정한다(김병희, 2000).

SKY 휴대폰 광고, 동남아 비하 광고(2006)

휴대폰 생산업체 팬택이 2006년 10월, 휴대폰 브랜드인 SKY에 대한 소비자 아이디어 응모를 진행하며 이를 홍보하기 위해 포털 사이트 등에 광고 배너를 전송했다. 행사를 홍보하기 위해 쓰인 문구는 "그 남자가 입으면 뉴욕이 되고 그 남자가 입으면 동남아가 된다, MUST HAVE 감각(감각을 가져야 한다)"라고 되어 있다. 결국 문구와 그림을 합치면 똑같은 옷을 입어도 감각 있는 사람이 입으면 모양이 제대로 나는 '뉴욕 스타일'이 되고, 감각 없는 사람이 입으면 볼품없는 '동남아 스타일'이 된다는 것. 이를 두고 문화에 대한 우열성을 표현했다거나 뉴욕을 우상화하고 동남아를 비하했다는 비난이 빗발쳤다.

1) 광고와 소비문화

광고의 이데올로기적 관점에서 수용자는 풍요로운 소비생활을 통해 욕구충족을 하게 되고, 계급 갈등에 눈뜨기보다 기존질서에 자신을 동화시키려 한다. 이데올로기 비평에서는 상품 이데올로기가 하나의 생활방식으로까지 작용하는 맥락에 주목하면서 수용자의 물화(reification)과정과 소외현상에 대해 구체적으로 비판하고 있다.

현대 소비 대중사회에서 상품의 교환가치는 사용가치에 비해 우월적 지위를 누리고 있으며, 상품은 물신화 과정을 거친다. 여기서 물신화란 상품으로부터 상품 생산에 들인 노동과정과 자본의 가치를 모두 제거하고 오로지 상품의 교환가치만을 부각시키는 왜곡된 의식형태를 뜻한다. 이는 시장논리에 함몰된 상품이 신격화되는 것으로, 여기서 인간은 물질에 종속되어 버리고, 주체적이지 못한 존재로 전락하는 소외현상을 겪게 된다. 이러한 상품이 시장논리에 함몰되면 수용자는 제조된 욕망의 창을 통해 상품의 소유욕을 키움으로써 상품과 인간성을 분리하게 된다. 원용진(2000)[4]은 물화는 사회에 대한 구체적이고 역사적이면서 총체적인 인식을 가로막는다고 보았다.

광고는 상품을 파는 데 그 일차적인 목적이 있다. 그러나 상품을 판매하기 위해서 광고는 소비자의 태도와 가치, 생활풍습, 관습, 습관, 그리고 선호를 변화시켜야 하며, 동시에 이러한 변화가 이익이 되는 경제체제를 유지시켜야 한다. 이렇게 광고가 소구하는 보편적인 가치는 이제 사회적인 신화(myth)가 된다.

스튜어트 홀(Stuart Hall, 1996)[5]은 광고는 이데올로기가 자연스럽게 표현되는 방식, 또는 주어진 표상의 체계가 자연화(naturalization)

되는 방식이라고 언급했다. 자연화는 신화 속의 모든 것이 순수하고 순진하며 영원한 정당성을 가지고 있는 것으로 보이게 하는 공정이다. 이러한 힘의 원천이 바로 헤게모니인데, 헤게모니는 권력집단이 현상을 유지할 목적으로 강압이나 폭력에 의존하지 않고 문화형식(신화, 이미지 등 본질적으로 기호론적 체제)을 가지고 피지배자들의 의식을 조작하여, 지배자와 피지배자의 논리를 자연화 또는 상식화시킴으로써 권

나신의 모델이 핸드백을 들고 감으로써 소비 조장의 동기를 부여하는 핸드백 광고

력집단의 현재 상태를 유지하는 능력을 말한다(마정미, 2004).

광고가 만들어 낸 대표적인 신화는 소비의 가치이다. 광고는 소비가 인간을 얼마나 인간답게 만들어 줄 수 있는지를 보여 주는데, 특정 물건의 소비에 차별적이고 상징적인 가치를 부여함으로써 다른 물건을 사용하는 이들과 차이를 부여한다. 광고는 자본주의 문화의 생명으로, 자연스럽게 생산보다는 소비를 강조한다. 즉, 광고가 생산과 소비라는 자본주의적 생산양식의 유지와 순환을 위해 요구되는 협업적인 커뮤니케이션 방식이라는 것이다.

자본주의 사회에서는 상품과 서비스를 매매하고 소비하는 소비문화가 지배한다. 이러한 사회에서 광고는 앞에서 언급한 것처럼 기존의 계급적 모순을 돈 많은 소비자와 돈 없는 사람이라는 형태로 재생

산하여 노동자 계급에게는 변신을, 중산층에게는 일상의 변화를 약속함으로써 소비자들로 하여금 계급 모순을 느끼지 못하게 만든다. 이처럼 광고는 불행을 행복으로 바꾸고 행복의 결핍을 충족시킨다는 환상을 가져다주지만, 광고가 목적으로 삼는 것은 광고 속에 등장하는 상품을 구매하지 못하면 소비자가 불만을 느끼게 함으로써 결국 상품을 소비하게 하는 것뿐이다.

2) 상품 미학

광고는 체제의 모순과 계급 갈등을 외면하도록 최면을 걸어 소비자들이 집단적으로 의식의 수면상태에 빠지도록 한다. 광고가 일련의 가치와 태도를 수반하면서 지배적인 사회 · 문화적 이데올로기를 유지하는 역할을 하고 있다는 것이다. 다시 말해 광고에 의한 대중문화의 형성은 결국 물화의 확산과정이나 다름없고, 광고는 상품 미학을 유포시키기 위해 계급의식을 가로막는 방어 장벽의 역할을 한다. 이 과정에서 수용자는 스스로 역사와 계급의식의 인식에서 멀어져 간다.

상품 미학이란 상품기호와 기호가치에 대한 마르크시즘적 입장이 반영된 이론이다. 독일의 철학자인 하우크(Wolfgang Haug, 1986)[7]는 미적 가상이 인간의 감성을 매혹함으로써 인간에 대한 지배를 확보하게 되는 메커니즘을 '감성의 기술 지배'라는 용어로 포괄하면서 그 구체적인 지배과정을 드러내기 위해 '상품 미학'이라는 용어를 만들었다. 하우크에 의하면 상품 미학 비판은 "교환가치에 의해 주도되는 자본주의적 생산과 소비 메커니즘의 형식성에 주목하면서 교환가치에 구축된 상품사회를 살아가는 개별 주체들의 감성영역에서의 변화를 추적하고 분석하는 것"을 목적으로 한다.

상품은 판매와 구매자의 소비를 통해 고유의 사용가치를 실현한다. 사용가치는 곧 상품이 가진 유용성이자 구매자의 특정 욕구를 충족시키는 상품의 물적 속성이다. 그런데 상품은 사회적 사용가치로 시장에서 교환이 되어야 하고, 여기서 사용가치와 교환가치의 모순이 발생한다. 상품은 외적 대상으로, 그 속성을 통해 인간의 욕구를 충족시키는 물적 존재로서의 사용가치를 지니는 동시에 화폐나 다른 목적들과 거래할 수 있는 능력으로서의 교환가치를 지닌다.

하지만 상품은 자신의 사용가치가 아니라 사용가치의 약속을 통해 소비자의 욕구와 만나게 된다. 이 관계에서 미적 가치가 교환가치의 대응물로 나타나게 되며, 여기서 상품 미학은 그 대상인 상품미를 규정한다. 상품미는 '보는 이의 소유 의지를 자극하여 구매충동을 일으키도록 하기 위해 상품에 각인된 것으로서의 미'라 할 수 있다. 여기서 상품미는 형식과 내용의 괴리가 엄청나지만 외견상 예술미를 차용하고 있고, 예술미보다 더 풍부한 미적·예술적 형식을 갖추고 있다.

우리는 이러한 상품 미학을 매순간 만나게 된다. 이는 우리 주변에 늘 편재하고 있는 상품의 더미 속에서 대량복제되어 있는 미학이며, 소비되는 상품과 더불어 미학과 유행의 일상화를 낳는다. 이러한 과정에서 대중문화가 만드는 욕망의 사슬들에 상품 미학의 가상적인 공간이 겹쳐지면서 이 시대의 신화가 창조되고 지속되게 된다. 즉, 아름다움과 새로움, 그리고 행복에 대한 이데올로기 표상들의 세계가 구현된다. 상품 미학은 기존의 이데올로기적 권력과 관련해 위계적인 사회적 관계의 가상을 구현해 내고, 그 권력의 담론, 가치체계를 무차별적으로 차용하여 기호화함으로써 인간의 욕망, 정체성 과정을 장악하고 소비를 무한대로 확장해 나간다. 이러한 경로를 통해 상품 미학은 유사 이데올로기적 권력을 행사할 뿐 아니라 이데올로기적 권력보다 더 막강한 권력을 행사한다는 것이다(마정미, 2004). 즉, 상품 미학은 유사 이데올로기의 권력으로서 예술의 형식을 차용하여 쾌락과 행복의 가상을 통해 인간의 정체성을 형성하고 파괴된 인간의 감성을 주조함으로써 지배를 확립한다.

2. 광고와 페미니즘

페미니즘(feminism)은 '여성의 특질을 갖추고 있는 것'이라는 뜻을 지닌 라틴어 '페미나(femina)'에서 파생한 말로서, 성 차별적이고 남성 중심적인 시각 때문에 여성이 억압받는 현실에 저항하는 여성해방 이데올로기를 말한다(한국문학평론가협회, 2006).[8] 이러한 페미니즘에서 문제 삼는 것은 생물학적인 성(sex)이 아닌 사회적인 성(gender)이며, 여성과 남성의 '평등'과 '차이'의 대립을 주요한 논쟁점으로 삼고 있다.

페미니즘은 다음과 같은 목표를 가진다. 첫째, 여성을 억압하는 객관적 현실을 올바르게 파악하고 그 해결을 모색한다. 둘째, 남성 특유의 사회적 경험과 지각방식을 보편적인 것으로 표준화하려는 태도를 근절시키려 한다. 셋째, 스스로 억압받는다고 느끼는 여성의 관심사를 체계적으로 이해한다. 넷째, 여성적인 것의 특수성이나 정당한 차이를 정립하고자 한다.

역사적으로 페미니즘적 인식에는 두 가지 흐름이 있다. 이는 '제1의 물결'과 '제2의 물결'로 불린다. '제1의 물결'은 메리 울스턴크래프트(Mary Wollstoncraft)의 저서《여권의 옹호》(1792)에서 영향을 받아 1880년부터 1920년 사이에 미국과 영국에서 일어난 참정권 운동을 말한다. 이 운동은 여성들의 선거권과 교육권, 출산권, 노동권 등을 주장하며 남성과의 '평등'을 내세웠다.

'제2의 물결'은 1960년대 후반의 학생운동, 반전운동, 흑인운동 같은 반체제 운동과 맥을 같이하면서 일어난 여성운동을 말한다. 시몬 드 보부아르(Simone de Beauvoir)는《제2의 성》(1949)에서 "여성은 여

성으로 태어나는 것이 아니라 여성으로 만들어진다"고 했다. 그들은
여성의 평등권에서 더 나아가 보다 적극적으로 여성의 '해방'을 주장
했다.

　페미니즘 운동은 지역에 따라서 그 의미를 달리했다. 영국의 페미
니즘은 압제(oppression)를 강조했다면, 미국의 페미니즘은 텍스트를
중심으로 한 표현(expression)을, 프랑스의 페미니즘은 정신적 억압
(repression)을 강조했다. 따라서 영국과 미국의 페미니즘은 사회ㆍ경
제적인 여성의 억압을 바탕으로 정치적이고 운동적인 차원에서 평등
주의에 입각한 여권 운동을 주로 펼친 반면, 프랑스의 페미니즘은 데
리다의 해체론과 프로이트, 라캉의 정신분석학의 영향을 받아 철학
적이고 심리적인 경향을 주로 보여 준다. 그러나 이들 모두 여성에 대
한 차별과 억압에 저항하고 여성의 권리와 평등을 추구한다는 공통
점을 가지고 있다.

1) 성의 차이 혹은 차별

　페미니즘 이론들에 입각한 광고비평은 서양의 광고가 성차별적이
고 동성애 혐오적이며, 노인 차별적이고 인종 차별적임에 동의한다.
대표적으로 사회주의 페미니스트들은 광고가 소비에 의해 조성된 일
체감을 부여함으로써 계급과 성에 따른 사회적 차별 관계들을 모호
하게 만든다고 지적했고, 급진주의 페미니스트들은 광고 속에 표상
된 어머니, 아이, 그리고 가족에 대한 전통적인 기표들이 핵가족에 대
한 가부장적 사고를 다시금 강화한다고 보았다. 또한 심리분석에 치
중한 페미니스트들은 광고가 여성을 파편화된 대상으로 표현하는 방

식과 여성에게 제품 소비를 통해 얻을 수 있는 인위적인 조화를 제공함으로써 조화에 대한 여성의 욕구를 이용하는 방식을 밝혀 내고 있다(황지영, 2006).[9]

그러나 무엇보다 페미니즘 이론에서 주목하는 광고는 가부장적 이데올로기 담론이다. 페미니즘은 남성과 여성의 성차에 부여되는 의미에 쟁점을 둔다. 여성은 여성으로 만들어진다는 시몬 드 보부아르(de Beauvior)의 주장처럼 여성이라는 개념은 지속적으로 구성되는 담론이다. 가부장적인 이데올로기 안에서 남성성과 여성성이라는 차이 개념은 대중문화 속에서 지속적으로 기호화되고 재생산된다.

광고는 남성과 여성의 차별적인 내용을 지속적으로 담아낸다. 여성은 남성보다 사회적인 능력이 떨어지는 존재로 그려지거나 가사와 같은 사적인 영역에서만 자리매김을 한다. 여기에서 여성은 순수하고 연약하고 청순함을 가진다. 이러한 특성은 여성의 가치로 전환된다. 반면 남성은 공적인 영역에서 활동하며, 박력 있고, 진취적이며, 기계 친화적이다. 남성의 이미지는 잘 빠진 수트와 롤렉스 시계, 대형 세단으로 꾸며지며, 여성은 플레어 스커트와 길게 늘어뜨린 머리, 아이들을 바라보는 따뜻한 웃음으로 포장되어 있다. 이렇게 광고는 사회를 지배하고 있는 남성 중심적인 이데올로기를 지속적으로 재생산한다.

광고가 가부장제 이데올로기를 재현하는 대표적인 예는 동성애에 대한 표현이다. 가부장제하에서는 남성과 여성을 차별해야 한다. 따라서 이성애를 사회 내 주도적 규범으로 만들고, 동성애를 변방으로 밀어낸다. 끊임없이 이성애를 남녀 간의 사랑을 기반으로 하는 가정 형성의 기간 요소로 설정한다. 하지만 이의 내면에는 동성애를 범죄시하는 권력으로 현재 주도적인 가부장적 이성애를 보호하고 궁극적으로는 가부장제의 재생산으로까지 이어지게 하는 의도를 지닌다(원용진, 2000).

성에 대한 차별은 성의 상품화와도 깊은 관련이 있다. 성의 상품화는 성을 대상화하고 이에 가치를 부여하며, 성을 구매하도록 하는 것이다. 이러한 성의 상품화는 크게 두 가지 방식으로 이루어진다(원용진, 2000).

첫째, 남녀 간의 만남과 결합을 상품화한다. 이 방식에서는 성을 에로티카로 변형해 내며, 남녀 간의 욕망 차이를 서로 동등한 조건에서 합의한 성(性)인 것처럼 만든다. 광고 속에서는 적극적인 남성과 이를 수동적으로 따르는 여성, 그리고 그 끝에는 합의한 것처럼 보이는 성적인 행위가 그려진다. 여기서 여성의 몸은 에로틱하게 처리되고, 이러한 여성을 남성의 시선으로 바라보게 만든다.

둘째, 여성을 상품화하는 방식이다. 이는 여성을 대상화시키는 작업으로, 여성은 항상 성적 호기심을 자극하는 도구적 대상으로 이용된다. 남성의 시선에 따라 여성의 육체가 분절되고 연결되어 흐른다. 광고주들은 이렇게 재현된 여성의 육체를 대상화하고 객체화함으로써 이를 상품과 연결 지어 판매하고 경제적 이득을 취한다.

2) 여성해방의 가치

최근의 광고는 상품에 여성해방의 가치와 의미를 연결시킨다. 독립, 노동에의 참여, 자기통제를 함축하는 기호와 결합시켜 여성에게 일종의 행동지침을 권하고 있다. 이는 여성이 주요 소비자가 되면서 여성이 경제적으로 남성에게 종속되는 존재이기보다는 하나의 소비 주체로 떠올랐기 때문이다.

이러한 광고의 등장은 1970년대 미국에서 여성해방운동(Women's Liberation)이 시작된 이후 신여성주의 혹은 여성해방 담론과 맥이 닿고 있다. 신여성주의 혹은 여성해방 담론은 다음과 같이 세 가지 형태로 정리된다(현실문화연구, 1994, 168쪽).[10]

첫째, 동질성의 논리이다. 여성의 심리세계와 성적인 특성은 본질적으로 남성의 그것과 동일하지만 왜곡된 역사·문화의 진행으로 인해 변형된 것일 뿐이다. 따라서 남성의 사회·문화적 영역에 동참하기 위해서는 왜곡된 역사·문화와 투쟁해야 하며, 이 과정을 통해야만 여성의 자아실현이 가능하다.

둘째, 차별성의 논리이다. 여성의 고유한 여러 가지 특성은 그 자체로서 옹호되어야 한다. 여성의 영혼은 생물적, 그리고 그러한 조건에 의한 심리적 차원에서 볼 때, 남성의 그것과는 근본적으로 다르기 때문에 '다름'을 인정해야 한다. 이러한 여성성은 사회·문화·경제적으로 남성성과 동등하지만, 본질적으로 차별적인 것이다.

셋째, 여성과 남성의 동질성, 혹은 여성과 남성의 차별성에 초점을 둔 논의 자체를 거부한다. 여성과 남성의 생물적 혹은 심리적 차원의 동질성과 차별성에 논의의 초점을 두는 것은 그 자체가 이데올로기적인 것으로, 이러한 논의는 결국 여성의 신비 혹은 남성의 신비라는 범주에서 한 발자국도 벗어나지 못한다는 주장이다.

여성해방 담론의 영향을 받은 광고로는, 과거 신세대 주부를 뜻하는 미시족이 유행하면서 이들을 새로운 구매층으로 끌어들이기 위해 미시족 이미지를 새롭게 포지셔닝한 광고들이 있다. 이들은 젊은 주

이유식 스텝(Step) 광고(왼쪽)와 피네세 담배 광고(오른쪽)

여성주의와 여성해방 담론의 확대로, 어머니는 당당하게 아이를 안고
집 밖으로 나섰고, 남성에게 아름답게 보이기 위해 신었던 하이힐은
자기개발에 성공한 커리어우먼의 상징이 되었다.

부의 세련된 외모를 강조하며 겉으로는 전혀 아줌마 같지 않은 당당한 이미지를 만들어 냈다. 남편과 아이를 위해 뒤에서 희생하는 과거의 여성성을 탈피한 합리적이고 계산적인 신세대 주부의 이미지로 소비자들을 소구했다. 또한 여성을 타깃으로 했던 슬림형 담배 광고의 경우 빨간 하이힐과 도시 중심부를 대비시키며 여성의 당당한 사회진출과 그 역할을 강조하고 있다.

이제 이러한 광고 속에서 여성은 경제적으로 무기력한 존재이기보다는 자신의 능력을 남들에게 보여 주는 존재로 묘사된다. 과거의 억압되어 있던 소극적이고 수동적이던 전통적 관념의 여성상을 벗어나서 여성의 역할은 도전적이고 개성이 강하고 성적인 표현에서도 남성을 리드한다. 이러한 광고는 세련미와 함께 사회적으로 성공한 커리어 우먼의 모습을 당당히 보여 준다.

그러나 이러한 광고 속에서도 여성의 성적 이미지가 없어지는 것은 아니다. 물론 여성이 진취적이고 대담하게 그려지고 있지만 여전히 여성은 매혹적인 존재로 표현된다. 페미니즘과 여성성의 상업적인 결합은 외모의 시각적 구성으로 나타나는데, 신체는 여성이 의지력과 자제력이 있는 자율적인 존재로 자신을 정당화하기 위한 어떤 것으로 나타난다. 즉, 아름답게 가꾸어진 여성의 신체는 성취와 자기 가치의 증거가 된다.

여기서 문제는 아름다운 여성의 신체, 가꾸어진 여성의 신체가 가치가 되고, 여성들은 아름답고 예뻐져야 하며 끊임없이 날씬하고 섹시해져야만 한다는 것이다. 이를 통해 여성은 사회적 지위와 당당함을 얻을 수 있다. 여성해방의 논리가 가해졌지만 여전히 매혹적으로 그려지고 있는 여성의 이미지는 상품경제의 원리가 지배하는 자본주

청바지 디젤 광고(위)와 여성의류 시슬리 광고(아래)

아름다운 여성이 남성용 서류가방을 든 채로 시계를 보고 있는
모습은 미모와 능력을 갖춘 여성에 대한 환상을 자아낸다.
또한, 자신의 발 아래 엎드려 노동하고 있는 남자를 내려다보는
여자와 벌거벗은 남성의 신체를 가학하는 여성의 모습은 일과
성(性)에서 남성보다 우위에 선 여성의 위치를 보여 준다.

의 사회에서 더욱 여성을 억압하는 기제가 된다. 여성은 다시 지배계급의 자본논리에 의해 다양한 형태로 상품화되고, 여성을 외모 지향적 사고와 논리 속에 가둔다. 결국 자본주의는 여성의 성을 상품화하는 것을 지속하고, 광고는 여성의 아름다움이 이 세상을 모두 바꿀 수 있다는 신화까지 창조하게 된다. '여성은 외모'라는 기존의 성차별 관념은 지속적으로 작용하고 더욱 고착화된다.

3. 광고와 정신분석학

1856년 5월 오스트리아와 헝가리 국경지대에 있는 모라비아의 유대인 가정에서 태어난 지그문트 프로이트(Sigmund Freud)는 1896년 '정신분석(psychoanalysis)'이란 말을 처음으로 사용함으로써 정신분석학 발전의 계기를 마련한 인간 정신세계의 탐구자이다. 정신분석학이 시작된 지 100년이 지난 지금, 프로이트는 인간을 연구하는 현대 학문에 코페르니쿠스적 대전환을 가져온 위대한 사상가로 손꼽히고 있다.

프로이트의 인간 정신세계에 대한 연구는 다분히 의학적이다. 왜냐하면 실제 그는 1886년 신경질환에 대한 상담 및 신경병리학자로서 의술활동을 시작한 바 있기 때문이다. 특히, 의사로서의 프로이트는 히스테리 환자들을 치료하면서 정신분석학이란 학문을 체계화했으며, 1939년 영국에서 사망할 때까지 일생 동안 인간의 정신세계를 연구하였다.

프로이트는 인성(人性, personality)이 원본능(id), 자아(ego) 및 초자아(superego)로 이루어져 있다고 분석하였다. 그는 이 외에도 인간 정신세계에 대한 수많은 개념과 분석의 틀을 제시하면서 인간을 정신적으로 해부하고 있다. 하지만 프로이트는 인간을 지나치게 본능에 의해 좌우되거나 그것에 연관된 존재로만 파악했다는 비난도 받고 있다. 여기에서는 프로이트가 제시한 인간 정신세계에 대한 여러 개념 가운데 몇 가지만 추려서 광고를 비평하는 잣대로 삼아 보기로 한다.

1) 원본능(id)과 자아(ego), 그리고 광고 표현

프로이트는 인성을 원본능, 자아 그리고 초자아의 세 부분으로 구분했는데, 광고와 주로 관련이 있는 부분은 원본능과 자아이다. 원본능은 욕구충족에 필요한 대상의 심상(心象)을 형성하는 데 작용하는 심리적 1차 과정(primary process)을 통해 형성된 인성으로서, 인간을 긴장으로부터 해방시켜 주는 자유의지적 자아이다. 원본능은 다소 감성적이고 충동적인 자아라고 할 수 있다. 이에 반해 자아는 사고나 추리 등을 거쳐 전개되는 행동계획에 따라 대상을 발견함으로써 이루어지는 2차과정(secondary process)을 통해 형성되는데, 다소 규율 순응적이며 논리적·이성적인 자아라고 할 수 있다.

프로이트에 의하면 인간은 원본능(id)에 의해 움직이기 쉬운데, 원본능은 불쾌감을 피하고 쾌락을 추구하는 쾌락 원칙(pleasure principle)을 따른다고 한다. 그리고 자아(ego)는 현실 생활에 적응하기 위해 욕구의 충족을 참거나 단념하는 현실 원칙(reality principle)에 따라 작동한다. 자아가 효과적으로 작동하지 못하면, 인간은 자폐적 사고(autistic thinking)와 소원적 사고(wishful thinking)에 의한 1차적 과정이 재발동하게 된다. 정신 장치가 기능하는 방식이 원천적이거나 1차적인 방식으로 된 1차적 과정은 부착(cathexis)의 유동성(流動性)이 심한 과정이다. 여기서 '부착'이라 함은 정신적 집중이나 집착을 의미하는 말인데, 어떤 사람이나 사물의 정신적 대표물을 향하거나 그 대표물에 소속되려는 정신적 에너지의 양을 가리킨다. 이것은 독일어의 '베제충(Besetzung: 점령)'과 같은 말이다. 이러한 인간의 부착 성향에 유동성을 가함으로써 원본능에 쉽게 지배되도록 하는 힘이 있는데, 이것을 '충동'이라고 한다. 프로이트는《쾌락 원칙의 저편》(*Beyond the Pleasure Principle*, 1920)에서 인간에겐 성적 충동(libido)과 공격적 충동 혹은 파괴욕(destrudo)이 있다고 설명했다. 이런 충동이야말로 인간이 본능에 지배당하는 원인이 될 수 있는 것이다.

광고 제작자들은 소비자로 하여금 충동의 지배를 받도록 유도하는 경향이 있다. 원본능에 의해 움직이는 인간, 즉 자아(ego)에 의한 이성적 사고보다는 감성적 본능에 지배당하는 인간이 많을수록 광고주들에게는 희망적이다. 공격적 충동 혹은 파괴욕은 인간이 갖고 있는 원본능이 더욱 자유의지대로 움직이도록 만드는 동인(動因)이 되는데, 특히 이런 충동들은 인간의 물욕(物慾)과 연관되어 있다. 공격적 충동은 물욕과 관련이 있고, 물욕은 소유욕(所有慾)과 통한다. 광고주가 광고를 통해, 프로이트가 간파한 인간의 공격적 충동을 자극할 수 있다면 그 인간은 자아를 억압(repression)할 수 있는 현실원칙을 깨

리바이스 청바지 광고
젊은 층의 공격적 성향을 자극하는 듯한 인상을 준다.

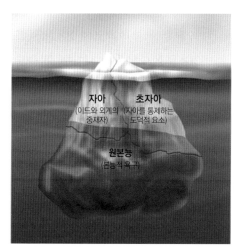

자아
(이드와 외계의 중재자)

초자아
(자아를 통제하는 도덕적 요소)

원본능
(본능적 욕구)

의식세계(conscious mind)
현재 지각할 수 있음

전의식세계(preconscious mind)
현재 지각하지 못하나 접근 가능함

무의식세계(unconscious mind)
지각하지 못함

프로이트의 원본능(id)과 자아(ego), 그리고 초자아(superego)

원본능은 인간의 무의식세계에 속하며 인간은 본능적으로 원본능의 지배를 받기
쉽다. 자아는 우리가 보통 '나'라고 경험하는 의식의 부분으로서 지각(知覺)을
통해 외부 세계와 접촉하며, 현실 원칙에 의해 원본능을 규제하는 작용을 한다.
초자아는 자아를 통제하는 도덕적 요소를 말하는데, 자아가 원본능과 초자아를
적절히 조절하여 균형을 이룰 때 통합적인 인격을 형성하게 된다.

뜨리고 1차 과정으로 회귀하여 원본능에 의존하게 됨으로써 자유분방한 공격적 소비성향에 대한 자기 충족적 정당성을 부여받게 된다.

특히 크레디트 카드 같은 손쉬운 결제방식이 광고의 영향력에 편승하여 소비자로 하여금 더욱 충동적 소비를 지향하게 한다.

원본능(id)에 지배당하는 소비자는 광고주의 영원한 애인이다. 미국의 작가 버긴은 1976년《소유》라는 저서에서, 자본주의 사회의 광고 전략은 부의 불균형이라는 냉혹한 현실을 환상과 소망의 화사한 베일 뒤에 감추는 것이라고 주장했다. "결코 통제되지 않는 인간의 욕망은 광고에 의해 충동되는가?"라는 물음에 대해 답할 수 있는 길은 '인간이 얼마만큼 자아의 사슬을 끊고 쾌락의 원칙에 충실하는지'를 밝힐 수 있는 방법을 과학적으로 찾는 데 있다.

2) 성적(性的) 충동과 광고의 자극

인간이 갖고 있는 성본능의 에너지인 리비도(libido)는 우리말로 '성적 충동'이라 번역된다. 리비도는 인간의 원본능(id)에서 성본능을 부각시키기 위해 프로이트가 일부러 사용한 용어이다. 리비도는 삶의 본능(eros)과 동일어로 쓰이기도 하며, 자아부착(ego cathexis)이 약해진 인간들에게 대상부착(object cathexis)이 강화되는 현상이 나타나면서 강하게 작용하게 된다. 리비도의 이러한 원리를 이용하여 많은 광고들이 성적 충동을 일으키는 내용을 담게 된다. 성적 충동을 자극하는 광고는 소비자들의 리비도를 자극하고 대상부착의 의지를 강화시켜 결국 구매의사를 갖게 하는 역할을 할 것이라고 광고주들은 믿고 있는 것 같다.

처음처럼 광고

돌체앤가바나 광고

여성의 육체를 주류 제품과 동일시하려는 광고의 경향은 여성의 육체를 물신숭배의 대상이 되게 할 수도 있다. 섹스어필 광고의 대명사 캘빈클라인의 광고는 적나라한 섹스 상황 묘사로 인해 '억압적 탈승화'의 경향이 짙게 나타난다. 리바이스 광고도 캘빈클라인의 경향과 유사한 면이 있으나 캘빈클라인과는 달리 극적인 상황이 더 많이 묘사되고 있다. 돌체앤가바나의 섹스어필 광고 또한 '억압적 탈승화'의 대표적 사례이다.

캘빈클라인 진 광고

리바이스 광고

그러나 자아부착이 강한 사람들이 성적 충동을 일으킬 만한 광고를 보면 어떻게 될까? 성적 충동을 받은 소비자는 대상부착의 충동을 느껴 결국 그 광고에서 표현된 상품을 구입하게 될까? 문제는 리비도 자극을 중시하는 광고 제작자들이 이 질문들에 쉽게 답할 수 없다는 것이다. 설사 그들이 그런 원리를 확신한다 할지라도 리비도 자극을 중시하는 광고들이 소비자들의 구매에 얼마만큼 영향을 미쳤는지 과학적으로 정밀하게 조사하는 것이 쉽지 않다. 다만, 미국에서 캘빈클라인이 지속적으로 적나라한 섹스어필 광고를 러닝할 수 있는 이유는 시장규모가 크기 때문이다. 미국 소비자의 10%만 리비도 자극으로 인해 캘빈클라인 제품을 구입해 준다면 손익분기점을 넘어서 이윤을 창출할 수 있다. 미국 소비인구의 10%와 한국 소비인구의 10%는 큰 차이가 있다. 시장규모의 이유라면 캘빈클라인에게 면죄부를 줄 수도 있을 것이다. 하지만 지금까지 인간의 리비도를 자극하는 것과 상품구매를 창출하는 것 사이의 인과관계는 밝혀진 바가 없다. 관계가 있을 것이라고 믿을 뿐이지 반드시 관계가 있다는 이야기는 누구도 하지 못하고 있는 실정이다.

그럼에도 불구하고 리비도 자극용 광고를 계속 생산해 내는 광고 제작자가 많은 이유는 무엇일까? 그것은 리비도적인 표현이 브랜드의 인지도를 높이고, 광고의 최대효과를 가져올 수 있다는 그들 나름대로의 환상(hallucination)이거나 그렇게 제작해야만 직성이 풀리는 그들 스스로만의 마스터베이션(masturbation)일 것이다. 리비도를 자극하는 광고가 많을수록 여성의 육체는 물신숭배(物神崇拜)의 대상이 되며, 광고 속에서의 섹스 상황 묘사는 성적 쾌락의 신화가 될 것이다. 오른쪽의 광고를 보면 리비도의 지나친 자극으로 인해, 성의 자유형식을 빌어 인간을 또 다른 억압상태에 묶어 둘 뿐만 아니라 리비도적 에너지에 대한 사회통제를 강화시키려는 '억압적 탈승화(repressive desublimation)'의 의도가 엿보인다. "인간을 짐승처럼 리비도의 굴레로만 몰고 가려는 사악한 서커스 단장이 되어 가고 있는 광고주는 없는가? 자신의 정신세계를 사육사에게 내맡기고 동물들처럼 끌려다니는 소비자는 많지 않은가?"라고 묻고 싶다.

3) 무의식세계와 광고의 추구

인간에게 무의식세계(無意識世界)는 존재하는가? 사람에게 있어 무의식(unconsciousness)세계란, 체험한 사실들이 의식의 심층으로 가라앉아 평소에는 의식하지 못하고 있다가 어떤 자극이 있으면 의식의 표면으로 떠오르는 정신활동의 세계를 의미한다. 곧 꿈이나 최면 따위가 아니고는 의식되지 않는 상태를 말하며, 잠재의식이라고도 불린다. 프로이트는 의식을 인간의 정신 전체로 볼 때 빙산의 일각에 불과한 것으로 파악했으며, 의식의 밑에는 무의식이 크게 잠겨 있고 의식의 현상은 무의식의 영향권 속에서 이루어지는 것으로 보고 있다. 심적 상태가 의식적이냐 무의식적이냐 하는 것은 그 속에 주어져 있는 에너지의 양과 저항하는 힘의 크기에 의해서 결정된다고 프로이트는 주장한다. 고통이나 쾌감의 크기가 역치(閾値: threshold value)라고 불리는 어떤 충당치를 넘을 때, 우리는 그때에서야 고통과 쾌감을 느끼게 된다. 그러나 충당치가 역치를 넘더라도 의식화를 방해하는 반대충당의 금지효과 때문에 감정이나 지각이 의식성을 갖지 못하는 경우도 있다. 지각과 감정은 지금 우리에게 일어나고 있는 사건의 직접적인 경험인 반면에 기억과 관념은 과거의 경험이 마음에 그려진 것이다. 이런 기억과 관념이 의식화되기 위해서는 언어의 도움이 필요한데, 우리는 언어가 발달되기 전(영아기 및 유아기)에 발생한 경험들은 의식과 기억 속으로 불러내기가 힘든 것이다. 그럼에도 불구하고 그 당시의 경험들은 인격 형성에 매우 중요한 역할을 하고 있다고 보는 것이 프로이트의 견해이다.

이와 같이 무의식세계에 축적된 경험들이 어느 시기에 어떤 자극에 의해 의식세계로 표출될 수 있다면, 그런 자극은 인간의 행태를 지배하는 데 중요한 역할을 할 수 있다. 프로이트가 주목한 영·유아기 때의 무의식세계뿐만 아니라 성인 이후의 무의식세계에도 경험을 축적시킬 수 있다면 언젠가는 어떤 자극에 의해 그 경험의 영향력이 의식세계로 표출되어 인간의 행태에 영향을 끼칠 수 있을 것이다. 많은 광고주들이 이러한 원리를 이용하여 광고를 제작하고 있다고 여겨진다. 그들은 광고에서 표현된 외시적(denotative) 메시지 외에 소비자들의 무의식세계에 부지불식간에 침투된 공시적(connotative) 메시지가 나중에 어떤 자극(그것은 결국 광고가 된다)에 의해 표출될 수만 있다면 소비자는 광고에 노출된 상품이나 서비스를 쉽게 구매하게 될 것이라는 확신을 갖고 있는 것 같다. 소위 식역하 광고(subliminal advertising) 혹은 잠재의식 광고라고 불리는 광고들은 이와 같은 원리를 이용한 것이다. 하지만 어느 광고주도 이런 종류의 광고를 제작한 바가 없다고 주장하기 때문에 실제 이런 광고의 존재 여부는 베일에 싸여 있다.

그러나 현대에도 종종 이런 류의 광고들이 우리 눈에 띈다. '클럽

18-30'의 광고는 여름 해변의 모습을 담고 있는데, 여기에 등장하는 사람들의 자세는 직접적이지는 않지만 성적 행위를 연상시키는 행위와 겹친다. 이러한 식역하 광고의 대표격은 코카콜라 광고라 할 수 있는데, 코카콜라 캔을 타고 흘러내리는 물방울은 여성의 가슴을 떠올리게 하며, 코카콜라 병을 감싸고 있는 얼음을 자세히 살펴보면 남성의 성기와 여성의 얼굴 모습을 발견할 수 있다. 이 광고들은 표면적으로는 그 의미가 직접 드러나지 않지만 각각의 성적 메시지를 담고 있다.

우리나라의 광고로는 모 회사의 커피믹스 광고를 예로 들 수 있다. 이 광고에서 모델은 "내 맘대로 되는 게 없네… 내 맘대로 되는 게 또 있네"라고 말하는데, 그때 커다란 망치와 문구멍 그리고 옆집 남자가 등장한다. 제시된 상품인 커피믹스와 상징적 개념인 '성불만과 성만족'이 함께 표현된 광고라고 해석될 수 있다. 물론 제작자는 그런 의도가 없었다고 주장할 수 있겠지만 해석의 방향에 따라서는 이 광고가 평소에 성적 불만족을 느끼던 여성들에게 무의식세계에 있는 그들의 어떤 경험을 상기시키는 자극제의 역할을 함으로써 커피믹스를 구매하는 촉진제 역할을 할 수 있다고 생각할 수도 있다. 코카콜라가 전 세계 시장을 지배할 수 있었던 것은 제품의 질과 마케팅 전략이 우수했기 때문일 수도 있지만 콜라 병의 모양이 여성의 몸매를 상징한다는 것도 주요한 이유라고 볼 수 있다. 이때 콜라의 패키지(package)적 요소는 소비자의 무의식을 파고들 수 있는 자극이 될 수 있다. 현대의 정신분석학자들은 인간의 잠재의식이 꿈, 기억, 적응도, 지각작용, 언어 및 정서에 영향을 미치는 것으로 파악하고 있다. 광고주들은 광고를 통해 소비자의 잠재의식에 영향을 미칠 수 있다면 판매증진에 긍정적 결과를 가져올 것이라고 믿고 있는 것 같다. 그런데 여기서

광고상을 받은 Club 18-30 광고(2002,위)와 코카콜라 광고(아래)

표면적으로 직접 드러나지 않는 성적 메시지를 소비자의 무의식세계에 부지불식간에 침투시켜 어느 계기에 그 상품의 구매 욕구를 표출시키려는 의도로 제작된 식역하 광고의 대표적인 사례들이다.

아쉬운 것은 소비자의 무의식을 자극하려는 광고주의 시도가 주로 성적 충동(libido)과 관계 있다는 것이다.

리비도와 관계없는 잠재의식 광고들도 있다. 미국의 2000년 대선에서 조지 부시 공화당 후보 측이 앨 고어 민주당 후보를 비난하면서 내보낸 TV광고는 래츠(RATS: 쥐들)라는 글자가 배경 자막으로 처리된 정치광고였다. 30초짜리 이 광고에서는 아나운서가 고어의 처방전 의약품 계획과 관련된 관료들을 비난하는 순간 'RATS'라는 단어가 화면에 깜박거리며 등장한다. 이 자막은 검은색 바탕에 흰색 글자로 나타나는데, 전체 화면의 1/3을 차지하지만 순식간에 사라지기 때문에 쉽게 알아챌 수 없다. 민주당 선거운동본부에서도 알아채지 못했지만 시애틀에 사는 한 시민이 발견함으로써 문제가 제기되었다. 그동안 광고계에서는 순간적으로 지나가는 화면을 반복 노출함으로서 특정 이미지나 메시지를 각인시키려는 암시기법(implication technique)을 종종 써 온 것으로 의심받아 왔는데, 선거광고에서는 처음으로 사용 사례가 밝혀진 것이었다. 'RATS'는 bureaucrats(관료)와 democrats(민주당원)의 뒷부분 4개의 자음과 일치하는데, "고어의 관료들과 민주당원들은 모두 쥐새끼들"이라는 표의를 함의하고 있다고 볼 수 있다. 그런 암시적 메시지를 감춘 채 자막을 순간적으로 노출시킴으로써 유권자들의 무의식으로 파고들어 기억을 축적시킨 후, 선거당일에 상기되게끔 함으로써 공화당 후보 부시에게 투표하게 만들려는 속셈이 있었던 것으로 추측된다.

소비자의 무의식세계를 일깨우는 또 다른 광고 사례가 있다. 독일 폭스바겐 자동차회사의 신차 뉴비틀(New Beetle) 광고는 기호학 측면에서도 분석될 수 있지만 정신분석학 측면에서 볼 때 소비자의 무의

조지 부시 대통령의 선거 홍보 TV 광고

순간적으로 지나가는 화면을 반복 노출함으로써 특정 이미지나 메시지를 각인시키려는 암시기법을 사용한 광고이다.

식세계를 자극하려는 의도가 다분하다. 이 광고는 40년 전에 나온 광고의 포맷을 그대로 사용하고 있다. 레이아웃이 동일하며 헤드라인과 메시지 전개방식이 이전 것과 흡사하다. 폭스바겐 사는 40년 동안 전 세계 소비자들의 잠재의식 속에서 꿈틀거리고 있는 명작 광고에 대한 기억과 향수를 리바이벌할 수 있는 과감한 초청장을 소비자들에게 보내고 있다. 헤드라인 'Déjà vw'는 'Déjà vu(데자뷰: 기시감)'로도 읽을 수 있고, 'Déjà Volkswagen'이라고도 읽을 수 있다. '데자뷰'라는 말은 처음 보는 대상을 이전에 본 적이 있는 것처럼 느끼는 현상을 뜻한다. 따라서 이 광고는 소비자로 하여금 40년 전의 폭스바겐을 다시 보는 것과 같은 체험을 하게 한다. 그러나 이전 것과 유사한 자동차 모델은 소비자들에게 다소 진부한 느낌을 줄 수 있다. 그래서 광고주는 소비자로 하여금 무의식세계에 있는 명품 광고에 대한 기억과 향수를 의식세계로 표출하게 함으로써 자동차 모델의 진부함 — 신차종의 이름은 뉴비틀이지만 이전 것과 비슷한 모양을 지님으로써 다소 진부하게 느껴질 수 있음 — 을 일거에 날릴 수 있는 광고 전략을 채택한 것이다.

독일 폭스바겐 사의 신차 '뉴비틀'광고

독일의 폭스바겐 자동차는 "Think small"이라는 광고 캠페인을
성공시킨 후, 뉴비틀이라는 신제품을 내놓을 때, 옛날 광고를
소비자들이 상기할 수 있도록 "데자뷰"라는 용어와 유사한
"Déjà vw"를 헤드라인으로 하는 광고를 게재하였다.

4) 꿈과 상상과 광고

인간은 꿈을 꾸는 존재이다. 수면 시 무의식세계에서도 꿈을 꾸며, 활동 시 머릿속의 상상을 통해서도 꿈을 꾼다. 프로이트는 인간만이 갖고 있는 꿈의 세계를 연구하여 《꿈의 해석》(1900)이라는 저서를 내놓았는데, 이 책에서 그는 꿈이야말로 인간 마음의 무의식적인 영역에 이르는 지름길이라고 주장했다. 사람은 잠자는 동안 의식적인 경험을 하게 되는데(그것을 나중에 기억하든 못하든 상관없다) 프로이트는 그것을 현재몽(manifest dream)이라고 불렀다. 하지만 프로이트는 인간의 수면 시 꾸게 되는 꿈에 연구의 초점을 맞추었는데, 필자는 인간의 활동 시 갖게 되는 '상상' 또한 매우 중요한 인간 정신세계의 일부분이라고 생각한다. 사람이 깨어 있을 때 무엇을 상상하느냐에 따라 그 사람의 미래가 바뀔 수 있다.

만약 광고가 소비자의 상상력과 상상 속의 욕구를 진정으로 자극할 수 있다면 소비자의 의식세계를 쉽게 파고듦으로써 구매창출 효과를 높일 수 있을 것이다. 인간의 상상력을 긍정적 측면에서 자극하는 광고의 좋은 예로 현대그룹의 기업이미지 광고를 들 수 있다. 이 광고는 "현대를 만나면 꿈은 현실이 됩니다"라는 카피와 함께 어린이들이 만지는 장난감이 변하여 우주선과 로켓이 되는 장면을 보여 주고 있다. 기업의 좋은 이미지를 부각하기 위해서는 소비자의 상상력을 최대한 자극하는 것이 좋은 광고 전략이 될 것이다. 현대그룹의 이 광고는 인간의 상상력을 최대한 자극함으로써 좋은 기업이미지를 얻으려는 노력이 엿보인다.

그러나 광고를 통해 형성된 기업과 상품의 이미지는 현실과는

Imagine memorizing every image, sound and idea since the beginning of recorded time...and protecting it for a lifetime.

From the works of the masters to the work on your desk, an encyclopedic memory is as easy as remembering the name 3M.

A single 3M Data Cartridge can back up over 5 million pages of information, protecting whole libraries of words, pictures and sounds from being lost.

The Information Age might still be in its infancy if 3M hadn't invented audio, video and

computer tapes, become a leading source of high quality floppy diskettes, and pioneered the current rewritable optical media. Nor would our information be as secure without data cartridge technology, a 3M invention which provides the most complete line of products and services for backing up valuable data.

In an environment that encourages people to reach,

3M pioneered the development of magnetic media technology leading to the invention of videotape.

supports creative freedom and promotes the cross-fertilization of ideas, 3M has gone from adhesives to magnetic tape to videocassettes to multi-media CD ROM...to more than 60,000 products the world is not likely to forget. For information call: 1-800-364-3577, that is 1-800-3M-HELPS.

© 3M 1994

3M *Innovation*

꿈과 상상과 광고

인간의 꿈과 상상력을 자극하는 광고의 사례

괴리된 가상현실을 창출할 수 있다. TV가 현실세계를 시뮬라시옹(假裝)함으로써 다른 이미지로 카무플라주(camouflage)한 의사환경(pseudo-environment)으로 만들 수 있듯이 광고도 상품에 부여하는 별도 이미지를 통해 소비의 허구세계를 조장할 수 있다. 광고로 인한 소비성향의 범람으로 가상현실이 실재보다 더 실재처럼 보이는 현상을 보드리야르는 '초과실재(=파생실재, hyperreality)'라고 정의하였다. 매스미디어화된 소비는 본래의 의미를 왜곡할 수 있으며, 광고 코드(code)들의 조합에 의한 인조 품격인 네오리얼리티(neoreality)를 형성하게 된다. 결국 광고는 의사 이벤트(pseudo-event)를 연출하는 프로듀서로서, 사물을 구경거리가 될 만한 이벤트로 만들어 이를 지극히 자연스러운 것으로 보이게 만드는 거리의 마술사라고 할 수 있다. 그러나 이것은 광고가 인간의 상상력을 어떻게 효과적으로 자극하느냐에 달려 있으며, 과도한 자극은 소비자를 상상이 아니라 환상에 빠뜨려 가상현실에 갇히게 한다.

5) 인간의 불안과 자아도취증, 그리고 광고의 성격

히스테리 환자들을 연구하던 프로이트는, 인간의 불안은 원본능의 억제와 부적절한 방출로부터 발생할 수 있다고 보았다. 광고의 목적은 어디에 있을까? 존 버거는 "광고의 목적은 소비자가 현실생활에 최대한 불만을 느끼도록 하는 데 있다"고 주장했다. 광고에서 상품구입에 대한 촉구는 삶의 질 향상에 대한 약속이 될 수도 있지만 구입을 못 할 때에는 인간다운 삶을 살지 못한다는 불안감을 줄 수도 있다. 현실생활에 불만을 느끼는 소비자들은 광고에 노출된 후 구매로 이어지지 못하게 되면, 구매욕의 억제로 인해 불안과 같은 부적절한 방출 현상을 맛볼 수 있다.

자아도취 증상을 보이는 인간들은 자기 지향적 리비도(self-directed libido)가 매우 강렬한 사람들이라고 프로이트(1900)[11]는 주장한 바 있다. 자기 자신과 사랑에 빠진 그리스 신화 속의 청년 나르키소스(Narcissos)는 여성광고의 홍수 속에 흠뻑 빠져 있는 현대 여성들 가운데 부활해 있다. 현대 여성들은 화장품 광고나 매혹적인 향수 광고에 자주 노출되면서 광고 속의 주인공과 자기 자신을 동일시(identification)하곤 한다. 광고 속의 화장품을 구입하고 싶은 욕망을 통해 광고 속 모델이 되는 상상을 하게 된다. 광고 모델과 자기를 동일시하는 현대 여성 소비자들은 자아도취증 환자라고 볼 수 있다.

정신분석학의 잣대를 통해 광고를 바라보면 담벼락에 붙은 이끼를 돋보기로 보는 것과 같다. 보면 볼수록 작고도 다양한 파편들이 우리 눈에 띄게 된다. 정신분석학에서 발굴한 수많은 개념들이 광고의 이중적 성격을 폭로할 때, 우리는 어릴 적 친구들과 함께 냇가에서 돌을 들고 숨어 있는 가재를 발견했을 때와 같은 카타르시스를 느낄 수 있다. 인간의 심적 에너지 가운데 원본능(id)과 성적 충동(libido)이 광고를 1차과정의 커뮤니케이션으로 전락시키곤 하지만, 그것은 소비자의 탓이 아니라 광고주와 광고 제작자가 비난받아야 할 몫이다. 광고가 초과실재와 가상현실의 주범이라는 사실은 정신분석학의 잣대로만 밝혀낼 수 있는 쾌거이기도 하다. 하지만 인생의 법칙 가운데 전화위복의 원리가 있듯이 광고가 정신분석학이 주는 무거운 족쇄에서 벗어날 수 있는 길은 무의식세계보다는 인간의 의식세계를 과학적으로 파고드는 전략으로 무장하는 것이다.

주(註)

1) 스튜어트 유언, 《이미지는 모든 것을 삼킨다(*All Consuming Images: The Politics of Style in Contemporary Culture*)》, 백지숙 역(1996), 시각과 언어.

2) 김병희(2000), 〈현대광고, 어떻게 볼 것인가?-이데올로기 비평〉, 《광고정보》, 4호, 54~60쪽.

3) 레이먼드 윌리엄스, 이일환 역(1982), 《이념과 문학》, 문학과 지성사.

4) 원용진(2000), 〈현대광고, 어떻게 볼 것인가?-페미니즘 비평〉, 《광고정보》, 5권, 74~79쪽.

5) 스튜어트 홀, 임영호 역(1996), 《스튜어트 홀의 문화이론》, 한나래.

6) 마정미(2004), 〈광고와 이데올로기 비평〉, 《광고비평의 이해》, 김영찬 편, 146~168쪽, 한울.

7) 볼프강 F. 하우크, 김문화 역(1994), 《상품미학비판》, 이론과 실천.

8) 한국문학평론가협회(2006), 《문학비평용어사전》, 국학자료원.

9) 황지영(2006), "광고에 표상된 몸 이미지와 그 의미 : 기호학적 접근" 《광고학 연구》, 7~32쪽.

10) 현실문화연구편(1994), 《혼돈과 질서: 신세대론》, 168쪽.

11) 프로이트(1900), 《꿈의 해석》

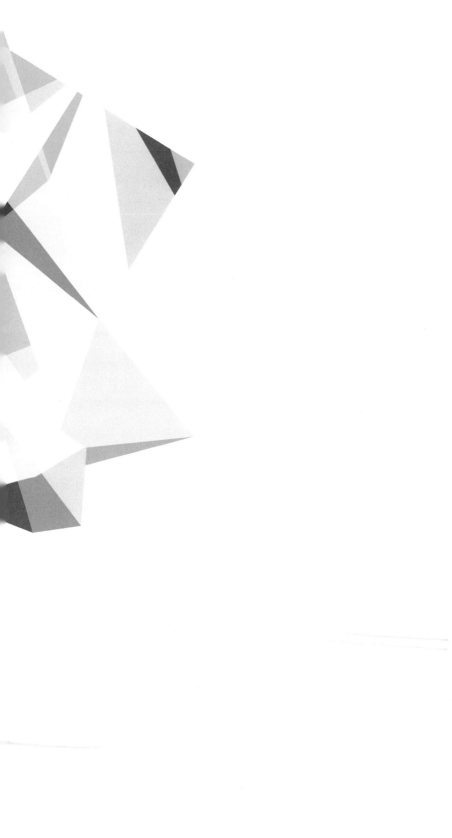

CHAPTER
4

광고
와
가상세계:
시뮬라시옹

"한 사회 속에서
시뮬라시옹 현상이 심화되다 보면
더 이상 묘사할 실재가 없어지게 되면서
실재보다 더 실재 같은
하이퍼리얼리티(hyperreality)가
생산된다"

장 보드리야르

1. 광고와 포스트모더니즘

전통적으로 광고는 상품판매 촉진을 위한 마케팅 활동으로 정의되거나 혹은 그것이 소비자에게 얼마만큼 효과적으로 전달되느냐 하는 시각에서 설득 커뮤니케이션으로 정의된다. 이러한 전통적인 광고들이 상품의 정보 및 평가 이상으로는 광고 자체의 관점을 전달하지 못했다면, 1990년대에 등장한 광고들은 새로운 테크놀로지와 예술을 결합한 하나의 또 다른 문화형식으로 구체화되기 시작했다. 이러한 새로운 문화현상으로 떠오른 것이 바로 포스트모더니즘(postmodernism) 광고이다.

현대사회의 광고는 상품정보 전달이라는 일차적인 기능뿐 아니라, 소비자의 의식과 행동을 반영하며, 나아가서는 가치관을 창출하는 문화적 도구의 기능을 수행한다(윤승욱, 2005)[1]. 더 이상 제품의 물리적인 우위성 및 차별화가 어려워진 지금, 포스트모더니즘 광고는 광고 이미지의 차별화를 통해 소비자의 심리적 보상이나 욕구를 충족시키려 노력하고 있다(강명구, 1993)[2]. 즉, 소비자는 더 이상 상품을 소비하는 것이 아니라 광고 자체를 소비하며, 광고는 소비자의 인식과 생활의식을 반영하고 지배하게 되는 것이다.

이러한 포스트모더니즘 광고는 2000년대에 들어서 더욱 활발하게 등장하기 시작했는데, 특히 젊은 층을 겨냥한 추상적인 메시지와 화려한 영상의 조합은 패션과 향수, 화장품, 통신, 심지어는 기업광고에도 사용되고 있다. 최근의 광고는 문자언어로 된 상품의 설명보다는 시각적인 이미지를 사용함으로써 상품의 이미지를 상징적으로 나타낸다. 이러한 광고의 이미지는 소비자가 광고에 노출된 후 광고에 대해 갖게 되는 태도에 영향을 미칠 뿐 아니라, 더 나아가 구매의사에 영향을 미치게 된다. 최근의 매스 미디어의 영향력과 뉴미디어 기술의 발달로 인해 광고는 단순히 정보를 제공하는 것에서 벗어나 대중문화의 일부로서 포스트모더니즘의 특성과 성격을 잘 반영하고 있다.

그러나 이러한 포스트모더니즘 광고가 광고 자체의 문화현상으로서, 현대 광고에 어떤 형식으로든 큰 영향을 미치고 있음에는 틀림없으나 이러한 광고가 어떠한 이유에서 소비되고 있는지, 그리고 광고 본연의 효과인 제품에 대한 소비자의 태도 형성과 제품 구매에는 어떠한 영향을 미치는지에 대한 논의는 부족하다고 할 수 있다.

따라서 이 책에서는 포스트모더니즘 광고가 정보 제공뿐 아니라 대중문화의 일부로서 어떻게 자리 잡고 있는지, 그리고 포스트모더니즘 광고가 소비에 영향을 미치는 요인은 무엇이며, 광고에 노출된 제품에 대한 소비자의 태도 및 제품 구매에는 어떤 영향을 미치는지에 대해 논의해 보고자 한다. 이러한 논의는 그동안 미진했던 포스트모더니즘 광고의 효과에 대한 심층적인 논의뿐 아니라 추후의 광고 마케팅 설계에도 도움을 줄 수 있을 것이라 사료된다.

1) 포스트모더니즘

원래 포스트모더니즘은 모더니즘을 탈피한다는 의미를 갖고 있다. 우리말로 번역하자면 '후기 모더니즘'으로 번역될 수 있으나, 일반적으로 '포스트모더니즘'을 용어로 사용하고 있다. 서구에서 근대 혹은 모던 시대라고 하면 18세기 계몽주의로부터 시작된 이성중심주의 시대를 일컫는다. 종교나 외적인 힘에 의존하기보다는 인간의 이성적 능력에 대한 믿음을 강조했던 계몽사상의 영향을 받은 모더니즘 시대에는 합리적 사고를 중시했으나 객관성을 지나치게 강조함으로써 20세기에 들어서는 서서히 도전을 받기 시작했다. 모더니즘에 도전한 학자 중 대표적인 사람이 니체와 하이데거 같은 철학자들이다. 이런 학자들의 영향력은 예술세계에도 미치기 시작했는데, 오스트리아의 유명한 화가 구스타프 클림트(Gustav Klimt)는 그들의 영향을 받은 대표적인 경우라고 할 수 있다. 클림트의 그림들은 현재 빈의 레오폴트(Leopold) 박물관에 전시되어 있는데, 우리나라 국민은행의 광고물에도 인용되고 있다. 클림트 외에 에곤 쉴레(Egon Schiele) 또한 오스트리아를 대표하는 화가인데, 그도 포스트모더니즘의 영향 아래 작품활동을 했다고 볼 수 있다. 니체와 프로이트의 영향을 받은 이들은 계몽주의 이후 서구의 합리주의를 되돌아보며 합리주의적 논리에 대한 반대논리를 정립하기 위한 작품활동을 해 왔다고 볼 수 있다.

프랑스에서 활동한 포스터모더니즘 학자로는 장 폴 사르트르와 움베르토 에코, 자크 라캉, 그리고 미셸 푸코 등이 있다. 사르트르는 소설 《구토》의 작가로서 슈바이처 박사의 외손자로도 알려져 있는데, 어려서부터 슈바이처 박사의 영향으로 휴머니즘 사상을 가지게 되었으며, 문학에서 실존주의와 휴머니즘의 결합을 꾀한 사상가로도 인정받고 있다. 에코는 소설《장미의 이름》,《푸코의 진자》등의 작가로서 현대 유럽에서 인정받는 기호학자이기도 한데, 토마스 아퀴나스 철학에서부터 컴퓨터에 이르기까지 모든 지식의 달인으로 인정받고 있다. 라캉은 기호학자이자 프로이트의 정신분석학을 계승하는 학자로 손꼽히는데, 데카르트의 합리적 절대자아에 반기를 들었으며, 프로이트를 귀환시켜 주체를 해체하는 작업을 펼쳤다. 그에 의하면, 주체는 상상계와 상징계로 되어 있는데, 그 차이 때문에 이성에는 환상이 개입되어야 한다는 것이다. 라캉뿐만 아니라 푸코 같은 학자도 합리주의의 도그마(dogma)를 해체해야 한다고 주장하면서, 철학에서의 포스트모더니즘은 근대의 도그마에 대한 반기라고 역설한다. 이러한 사조들은 철학뿐만 아니라 음악, 미술 같은 예술분야에도 많은 영향을 미쳤고, 특히 상업적인 영역인 광고에까지 영향을 미치게 되었다.

　문화예술의 경우, 19세기 사실주의(realism)에 대한 반발이 20세기 전반부에 모더니즘으로 나타났고, 다시 이에 대한 반발로 나타난 것이 포스트모더니즘이라고 할 수 있다. 개성, 자율성, 다양성, 대중성을 중시하는 포스트모더니즘은 절대이념을 거부하면서 탈이념을 낳았는데, 정보화시대에 넘치는 상품 공급량을 해소하기 위하여 광고와 패션에 의해 수요가 인위적으로 부추겨지고 있다고 할 수 있다. 이러한 경향이 광고에 어떻게 표현되는지를 알아보는 것은 매우 흥미로운 일이라 할 것이다.

2) 포스트모더니즘 광고의 정의와 유형

광고의 기능 중에는 상품의 존재를 알리는 정보적 기능과 그 시대의 사회문화적 이미지를 전달하는 사회문화적 기능이 있다. 정보적 기능으로서의 광고 전략은 소비자들에게 편익을 제공하거나 문제점을 해결해 주며, 알리고자 하는 상품과 직접 연관된 것이어야 한다. 한편, 광고의 사회문화적 기능에는 의도적이든 비의도적이든 간에 그 시대의 생각이나 태도, 동기, 희망, 가치 등이 포함된다. 그러므로 광고 제작과 광고에 의한 커뮤니케이션이라고 하는 기호적 행위는 상품정보를 전달하는 '경제적·기호적 행위'에 머무르지 않고, 그 시대의 사회와 문화의 이미지를 전달하는 '문화적 기호행위'를 포함하게 된다.[3] 현대 광고는 수많은 기호들이 집약되어 있는 기호들의 집성체(acorpus of signs)로서 문학작품과 같이 수많은 기호들로 구성되어 다의적인 의미를 내포하고 있으며, 단지 생산과 분배를 이어 주는 경제상품으로서뿐만 아니라 인식세계를 구성하는 의미작용으로서도 기능한다고 볼 수 있다. 또한 현대 광고는 상징체계로서 언어, 문자, 그림, 음향을 포함한 다양한 기호들로 구성되는 하나의 문화적 현상을 이루며, 사회적 기반 위에서 형성되고 사회구조의 지배적인 가치체계를 반영하고 있다. 즉, 현대 광고는 광고상품, 모델, 배경, 카피 등의 조합을 통하여 사물에 관한 상징적 표상(symbolic representation)을 창출하고, 이러한 상징적 체계를 통하여 사회에 내재되어 있는 가치나 신념을 전파하는 것으로서 사회관계에 관한 의미를 전달하고,[4] 의미구조를 창출하여 의미작용을 일으킨다.[5] 이러한 양면성을 가진 현대 광고는 하나의 광고 텍스트로서 다루어지고 있다.

2013년에 나온 아웃도어 스포츠 브랜드 K2 광고는 우리나라에서 모처럼 만나게 되는 포스트모더니즘 광고다. 의미를 잘 파악하기 힘든 영상의 나열과 호랑이의 포효 등에 나타난 상징적 의미의 영상표현 기법은 포스트모더니즘 광고의 전형을 보여 준다. K2 브랜드는 유명 스타 현빈과 포스트모더니즘적인 상징성을 연관시켜 브랜드 이미지 작업을 새로이 시도하고 있다고 평가된다.

최근 등장하고 있는 TV광고는 물론이고 인쇄광고를 살펴볼 때, 광고주나 제작자가 사회적·문화적 메시지를 이미지로 전달하는 광고로서의 제 기능을 무의식적으로 이탈하여 제작한 포스트모더니즘 광고들이 자주 눈에 띈다. 본래 포스트모더니즘이란 앞에서도 언급했듯이, 현대 또는 근대주의를 가리키는 모더니즘에서 벗어난다는 의미의 '탈'과 지속한다는 의미의 '이후'라는 의미를 함께 지닌 접두어인 '포스트'로부터 파생된 말이다. 즉, 포스트모더니즘은 모더니즘으로부터의 단절과 지속이라는 성격을 동시에 지니고 있는 용어이다. 따라서 이러한 포스트모더니즘은 모더니즘에서 상대적인 의미를 찾을 수 있다. 현대의 포스트모더니즘은 모더니즘이 가졌던 획일성과 동시성, 그리고 통일성을 탈피하면서 그동안 현대사회를 이끌어 왔던 합리주의 전통에서 이탈하고 있다. 전통적인 가치관으로부터 이탈된 독자적이고 다원화된 문화현상이 만들어지고 있는 것이다. 이러한 문화현상이 대표적으로 반영되고 있는 곳이 바로 광고이며, 최근에 제작되는 광고 중 상당수가 포스트모더니즘 광고의 성격을 갖는다.

포스터모더니즘 광고들은 소비자에게 무의식적이면서도 자연스럽게 받아들여지고 있으며, 광고 제작자들도 무수한 경쟁 상황 속에서 다른 광고들과 차별된 제작물을 만들려고 하고 있다. 이들은 동일한 제품의 광고일지라도 표현 테크닉과 의미전달의 구조적 측면에서 소비자가 신선함을 느끼게 하고 있으며, 포스트모더니즘 특유의 문학적 특징인 '낯설게 하기 수법' 등으로 소비자에게 강한 소구를 하고 있는 것이다.

포스트모더니즘 광고의 유형을 강명구의 견해(1991)[6]와 박재관

(1993)의 견해[7]를 수용하여 시각상의 텍스트 구조가 TV나 영화보다 간단한 잡지광고를 기준으로 하여 다음과 같이 분류해 볼 수 있다.

첫째, 포스터모더니즘 광고는 반형식적이며, 열려진 의미체계를 지니고 있다. 현실과 허구가 뒤섞여 있으며, 광고 지면 속에서 또 다른 광고를 표현함으로써, 시각의 역전, 합리적인 공간과 시간의 해체, 그리고 낯선 이미지와 언어가 '낯설게 하기' 기법으로 제시된다. 둘째, 소구방법에 있어서 상품의 유용성은 전혀 고려되지 않고 단지 상품과의 상징적 관계가 중시되는 비합리적 소구를 한다. 셋째, 서술구조의 전개방식에서 그 구조가 해체됨으로써 이야기 구성을 논리적으로 설명하기 힘들며, 막연한 이미지의 감각적 느낌만 제시된다. 넷째, 광고언어에 있어서는 파편화된 이미지들이 쪼개진 채로 광고 텍스트 안으로 콜라주처럼 들어와 환상적 아우라(aura)를 만들어 내어 언어적 기호는 극도로 생략되고 비언어적 기호에 의존한다. 다섯째, 현실과 허구의 뒤섞임, 서술구조의 해체, 공간과 시간의 해체, 예술 장르의 혼합 등의 복합적인 표현방식으로 연결지어진다. 여섯째, 남성은 주변적이며, 여성이 중심적으로 표현되는 페미니즘적 시선이 지배적이며, 카메라와 소비자의 시선 일치가 파괴된다.

위에서 언급한 포스트모더니즘 광고의 일반적 유형을 정리하면, 반(反)형식, 전통적 색채의 파괴, 현실과 허구의 뒤섞임, 서술구조의 해체, 페미니즘, 패러디와 페스티시, 예술 장르 간의 복합성, 카메라와 수용자의 시선 불일치 등으로 나눌 수 있다(142쪽 표 참조).

사진과 애니메이션, 일러스트레이션, 캐릭터의 혼합방식을
사용하고 있는 이 광고는 포스트모더니즘 광고의 예로 분류될
수 있다. 예술 장르 간의 혼합이 이뤄지는 시도는 1980년대
이후 광고에서 많이 사용된다. 142쪽 표 참조.

 포스트모더니즘 광고의 표현 유형과 기법

표현 유형	표현 기법
반형식	과장, 전위, 불가사의한 표현, 충격적 표현, 비주얼 스캔들, 몽타주와 콜라주
전통적 색채의 파괴	컬러와 모노톤의 혼용(페인트 박스 기법), 명암의 콘트라스트, 특수 렌즈와 특수 필터 사용, 배경과 인물의 부분적 색채
현실과 허구의 뒤섞임	현실공간과 허구공간의 파괴 및 혼합
서술구조의 해체	파편화된 이미지의 병렬구성, 모호한 이미지 구성, 비합리적인 상징관계
페미니즘	자유, 기존질서의 거부, 관습의 해체, 이성으로부터의 거부
패러디와 페스티시	재현, 차용과 모방, 풍자, 드라마 타입의 상호 텍스트성
예술 장르 간의 혼합 및 상호 침투	사진과 애니메이션, 일러스트레이션, 캐릭터의 혼합, 회화적 기법의 재구성, 러프터치적 표현, 컴퓨터그래픽, 심벌마크, 로고타임, 카툰캐릭터의 이미지 혼합
카메라와 수용자의 시선 불일치	환상적 이미지, 기존 카메라 앵글의 탈피

위와 같은 포스트모더니즘 광고의 표현 양식과 기법은 크게 형식주의 관점과 기호학적 관점의 두 가지로 나뉘며, 이 두 가지 관점에 의해 TV 광고 및 잡지광고를 기준으로 몇 가지 유형을 분류해 보면 143쪽의 표와 같다.[8]

한편, 광고에서 사용되는 '낯설게 하기 수법' 같은 광고의 차별화는 단순한 이미지의 차별, 주제의 차별에서가 아니라 그것이 사용되는 기법에서 찾을 수 있다는 관점으로, 진부한 주제라도 형식의 영역에 속한 제요소들이 구조적 변화를 통해서 새로운 충격을 줄 수

✒ 포스트모더니즘 관점의 광고 유형

구분	형식주의 관점	기호학적 관점
1	탈장르화 및 장르의 혼합	페스티쉬와 패러디 기법
2	전통적 색채조화의 파괴	서술구조의 해체 및 파편화된 이미지
3	탈형식적인 화면구성	현실과 허구의 혼합
4	인물묘사에 있어서 스테레오 타입의 거부	페미니즘적 시선
5	파격적인 카메라 이동 및 시선일치의 파괴	언어 메시지의 실종
6	전위적이고 실험적인 영상표현	언어의 유희를 통한 표현의 해체
7	드라마 형식의 상호 텍스트성	시간과 공간의 해체

있다. 일상의 낯익은 껍질을 벗기고 대상을 다시 낯설게 함으로써, 지각의 신선함을 되살린다면 똑같은 주제의 광고라도 소비자에게 강한 호소력을 갖게 된다. 이것은 문학이나 영화의 주제가 사랑과 죽음, 분노와 갈등의 구조를 가지면서도 각기 다른 독특하고 참신한 방법으로 인간사를 말하고 있는 것을 볼 때, 습관적인 보는 방식과 사고의 방식을 탈피하고자 하는 노력에서만 사용될 수 있는 기법이다. 이 관점에서 나타나는 광고의 표현 양식은 다음과 같다.

첫째, 인물묘사에 있어서 스테레오 타입의 거부이다. 전통적 광고에 등장하는 인물은 대부분 소비자가 이상적으로 생각하는 모델이나 제품의 이미지가 잘 부합되는 탤런트, 가수, 영화배우 등이었으나, 포스트모더니즘 광고에서는 제품의 이미지와 전혀 연관이 없는 모델이 등장한다든지, 어색하고 평범한 소비자가 직접 등장함으로써 권위주의적이고 자기중심 지향적인 모델의 이미지로부터 소비자의 시선을 이탈시키고 있다.

둘째, 전위적이고 실험적인 영상표현이다. 이는 전통적 광고에서 볼 수 없었던 필름 누아르(film noir) 장면을 연상케 하는 어두운 조명에 풍부하고 깊이 있는 색감의 영상 이미지를 표현하기도 하고, 신체의 일부분만을 유희적으로 사용하여 만화와 같은 느낌을 주는 기법을 사용하기도 한다. 또한 음악 역시 여성의 얼굴에 남성의 음성을 삽입시킨다든가, 어른의 모습에 아이의 음성을 매치시킨다든가 하는 기법으로 새로움을 보여 준다.

셋째, 드라마 형식을 이용한 상호 텍스트성이다. 이는 연속극의 스토리를 시리즈로 도입한 형태의 광고인데, 즉 사랑, 이별 등의 주제를 하나의 스토리로 설정하여 계속 전개함으로써 소비자의 궁금증을 유발하는 광고이다.

넷째, 탈장르와 장르 간의 혼합이다. 주로 컴퓨터 그래픽을 이용해 표현하는데, 크로키 스타일의 일러스트 애니메이션으로 표현되어 한 컷 한 컷이 마치 살아 있는 한 폭의 그림 같은 착각을 준다. 즉, 영상이라는 움직임과 회화적인 기법이 혼합된 것으로서 영상이라는 장르의 고유성을 해체시키고 회화 장르를 결합시키는 것이다.

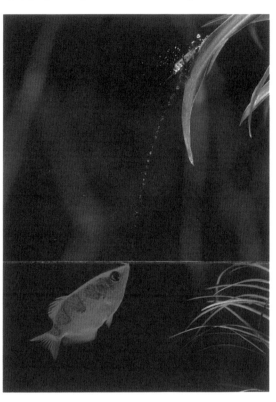

물 속의 물고기가 풀잎 위에 있는 곤충에게 물총을 쏘는 장면을 극적으로 연출한 광고의 예. 이 광고는 컬러와 모노톤을 혼용하고 있는데, 물총 색깔과 물고기의 색깔을 동일하게 표현하고 있다. 기존의 카메라 앵글을 탈피하면서 부분적 컬러 기법을 사용하고 있는 포스트모더니즘 광고의 좋은 예라고 볼 수 있다. 143쪽의 표 참조.

2. 광고와 시뮬라시옹

몇 해 전 삼성 래미안 아파트의 광고가 소비자들 사이에서 구설수에 오른 적이 있다. "집이 어디야?"라고 묻는 남자 모델의 질문에 여자 모델이 "저기야, 저 집이야"라고 대답하며 고가의 브랜드 아파트를 가리키는 장면이 실린 광고였다. 소비자들은 다소 '우쭐한' 여자 모델의 표정과 뭔가 '흐뭇한' 표정의 남자 모델의 모습이 서민층의 열등감을 자극한다고 지적하며, 이 광고가 일정 사회계층에 심리적으로 불편함을 준다고 항의했다. 하지만 일면에서는 이 아파트를 구매할 수 있는 대상들로 하여금 다른 사람보다 사회적 우위성을 느끼게 함으로써 구매 욕구를 자극했다는 점에서 성공적인 광고로 평가되었다.

본래 광고는 상품과 서비스, 그리고 의견 등에 대해 대중의 관심을 끌기 위해 사용되는 기술로 정의되며, 그 내용에 대해 대중이 일정한 방식으로 반응하도록 설득하는 것이 목적이다. 래미안 광고가 성공적인 광고로 평가되는 이유는 바로 여기에 있다. 이 광고에서는 소비를 함으로써 남들과 차별되는 지위를 획득하여 욕구를 해소할 수 있다는 암묵적인 설득이 존재한다. 그러나 이 광고가 한편으로 소비자들에게 질타를 받는 이유는 광고는 단순히 상품의 정보를 알리거나 혹은 상품구매의 촉매제 역할을 하는 것 이상의 의미가 있기 때문이다. 우리는 소비자본주의 사회에 살고 있으며, 이러한 소비사회에서 광고는 개인의 정체성의 확대와 유지의 수단이 된다. 광고가 어떤 사람에게는 사회적 지위 획득의 촉매제가 되지만, 한편 어떤 사람에게는 사회적 박탈감을 심어 주게 되는 것이다.

아파트 '래미안'광고,
서민층 위화감 조장(2007)

아이들과 결혼을 앞둔 연인을 등장시키는 아파트 광고. 아이들이 등장하는 광고 편은 남자아이가 맘에 드는 여자아이에게 "우리 집에 갈래?"라는 말을 한 후 아파트 안에서 즐겁게 노는 모습을 보여준다. 그리곤 나레이션으로 "창준이네 집은 래미안입니다"라고 한다. 결혼을 앞둔 연인이 등장하는 광고(사진) 역시 같은 맥락이다. 연인의 집을 찾아가는 남자가 집이 어디냐고 물어보고 여자는 "저기야, 저 집이야."라며 래미안을 가리킨다. 마찬가지로 "수정씨 집은 래미안입니다."라는 내레이션. 이는 아이들이 친구를 만나거나 결혼을 하기 위해서는 래미안 정도의 고급 아파트가 필요하다는 메시지를 전해준다. 서민계층에 다소 위화감을 조장하는 광고로 평가되고 있다.

삼성 래미안 아파트, 불륜 조장 뉘앙스의 광고(2006)

아이를 낳고 가정을 가진 여자가 아파트에서 우연히 한 남자와 마주친다. 그리고 그 남자와의 과거 추억을 회상한다. "모든 것은 래미안으로부터 시작되었다.", "클라이맥스를 산다." 등의 카피가 등장하는 이 광고는 연인이었던 두 남녀가 각각 결혼한 뒤 같은 아파트 이웃으로 다시 만난다는 내용으로 구성되어 있는데, '불륜'을 예감케 하고 있어 불륜 조장 광고로 지목되었다.

광고는 소비자의 욕망을 자극하고 충동하며, 그 시대의 소비자들이 무엇을 원하는가를 포착해 낸다. 광고는 더 이상 현실의 매개적 역할에 머무르지 않고, 현실을 창조하고 있다. 광고는 특유의 광고 이미지와 언어를 통해 시대의 트렌드를 선도하며, 소비자에게 시대의 흐름을 읽어 준다. 광고의 이미지와 언어들에 소비자가 동화하는 순간, 소비자는 자신의 욕망을 실현하고, 남들과 차별적인 지위를 얻게 된다.

보드리야르는 소비사회에서 어떻게 소비자들이 광고가 만들어 내는 이미지에 동화되어 그들의 욕망을 실현시키는지를 '시뮬라시옹' 개념을 통해 잘 설명하고 있다. 그는 소비사회에서의 욕망은 개인이 주체적으로 만들어 내는 것이 아니라, 시장을 통제하고 이끌어 내는 생산체계에 의해 규정된다고 한다. 따라서 욕망은 사회로부터 만들어지고, 이러한 욕망은 개인의 주체적 실현으로 절대성을 가지는 것이 아니라 다른 사람과의 끊임없는 비교를 통해 얻어지는 차별성에 의해 충족되는 것이라고 본다(보드리야르, 하태환 역, 2001).[9]

특히 다매체 환경이 도래함에 따라 광고는 통합 마케팅 커뮤니케이션의 일환으로 동일한 광고기호들을 다양한 미디어를 통해 언제, 어디서나 접할 수 있게 되어 편재성과 누적성을 가지며, 가족 및 사회집단의 새로운 관계양식과 지각양식, 그리고 생활양식에 지대한 영향을 미치고 있다. 따라서 이러한 점에서 보면 소비사회에서의 광고는 소비자로 하여금 다른 사람과의 차별성의 욕구를 실현시켜 주면서 현시적이고 과시적인 소비를 이끌어 낸다고 볼 수 있다.

이러한 관점에서 보드리야르의 '시뮬라시옹' 개념을 통해 소비자본주의를 살아가는 현대인들에게 광고가 어떠한 의미를 가지는가에 대해 알아보는 것은 중요한 일이다. 특히, '사회 지위의 획득과 박탈'로서의 광고소비에 주목할 필요가 있으며, 광고가 시뮬라시옹의 세계에서 어떠한 역할을 하고 있는지, 그리고 광고가 결국 사물이 아닌 허구의 이미지로 어떻게 소비자에게 사회적인 지위 획득과 차이의 욕망을 자극하고 있는지 살펴보는 것은 매우 흥미있는 일이다.

1) 보드리야르의 시뮬라크르와 시뮬라시옹에 대한 이해

프랑스의 철학자이며 사회학자인 장 보드리야르(Jean Baudrillard, 1929~2007)는 프랑스 랭스 지방의 작은 소작농 집안에서 태어났다. 소르본 대학교에서 독일어를 전공하고 고등학교에서 독일어 교사생활을 하다가 1968년경 〈사물의 체계〉라는 박사학위 논문을 발표함으로써 프랑스 철학계의 인정을 받게 되었고, 1987년까지 파리 제10대학인 낭테르 대학교 사회학과에서 교수를 역임했다. 보드리야르는 그 뒤 미국의 뉴욕 대학 등에서 강의하면서 30권 이상의 저서를 남겼으며, 프랑스 현대철학과 사회학의 사상적 거성이라고 일컬어지게 되었다.

보드리야르는 1981년 그의 유명한 역저인 《시뮬라크르와 시뮬라시옹》(*Simulacres et Simulation*)에서 '시뮬라시옹'의 개념을 규정하여 현대사상에 새로운 화두를 던짐으로써 사상계의 주목을 받게 된다. '시뮬라시옹'은 모사된 이미지가 현실을 대체한다는 이론을 설명하는 용어인데, 보드리야르는 한 사회 속에서 시뮬라시옹 현상이 심화되다 보면 더 이상 모사할 실재(實在)가 없어지게 되면서 실재보다 더 실재 같은 하이퍼리얼리티(hyperreality, 초과실재)가 생산된다는 주장을 폈다. 이러한 시뮬라시옹 개념은 현대 광고에 그대로 적용될 수 있는 개념이다. 가상의 이미지가 실재를 초과할 수 있다는 전제는 이미지 중심적 광고에 적용되어 광고에서 생산된 가상의 이미지가 '시뮬라시옹 효과'를 가져올 수도 있다는 가설을 세울 수 있게 되는 것이다.

보드리야르는 현대사회를 '소비의 사회'로 규정하고 있다(보드리야르, 이상률 역, 1999).[10] 보드리야르는 현대의 소비사회를 일컬어, 모든 것이 '포화상태에 이르른 사회'이며, 속도를 따라잡을 수 없을 정도로 시시각각으로 변해 가고 있어 현기증을 느낄 필요도 없는 사회, 즉 '현기증 없는 사회'라고 주장하고 있다(보드리야르, 이상률 역, 위의 책, 10쪽). 소비사회의 '소비인간'은 소비를 통해 얻어지는 자기 자신의 향유를 의무로 삼지만, 그 소비는 자신의 주체적인 결정에 의해서가 아니라 소비사회에서 강요된 것이다. 모든 것이 소비되고, 소비되는 모든 것이 목적성 혹은 유용성을 가지지 않은 무용성과 유희성의 사회(보드리야르, 이상률 역, 위의 책, 159~160쪽)이며, 모든 것을 얻을 수 있지만, 그것을 얻는 대가는 결국 소비의 목적이 부재함에 대한 괴로움이다.

보드리야르에 의하면, 이러한 소비사회가 빚어내는 결과가 바로 '시뮬라시옹(simulation)'이라는 것이다. 보드리야르의 주장이 옳다고 결론내린다면, 결국 현대를 살아가는 사람들은 상품 자체의 유용성을 중심으로 하는 사물의 효용적 가치기준에 의해 소비를 하는 것이 아니라, 사물의 상징적 가치 혹은 이미지 중심적 가치기준에 의해서 소비를 하는 경향이 짙다고 결론내릴 수 있다. 그러한 결론들은 광고와 마케팅 측면에서 바라본다면 이렇게 해석될 수도 있다. 즉, 대중들 가운데 많은 사람들은 명품 옷, 명품 핸드백을 구입하고 외국 프랜차이즈 브랜드(franchise brand)인 스타벅스 같은 값비싼 커피를 마시는 여성을 '된장녀'라고 비난할지 모르지만, 그 여성은 명품이나 값비싼 커피를 단순히 돈이 많아서 구입한 것이 아니라, 이미지 중심적 가치 기준에 의해 그 제품들에 타인들과 자신을 구별지어 주는 하나의 '상징적 가치'를 부여한 후 그것들을 구입했다고 말할 수도 있을 것이다. 그들은 고급제품을 구매했지만 제품구매로 그친 것이 아니고 '상징적 가치'를 구매했다고 해석할 수도 있는 것이다.

그런데 보드리야르의 시뮬라시옹 개념을 파악하기 위해서는 '시뮬라크르(simulacre)'의 개념부터 알아 둘 필요가 있다. 왜냐하면 시뮬라시옹은 시뮬라크르의 동사적 의미로서 '시뮬라크르를 하기'라고 직역될 수 있기 때문이다. 시뮬라크르는 프랑스어로 '흉내', '시늉' 혹은 '모의(模擬)' 등의 뜻을 지니는 단어로서, 라틴어 '시뮬라크룸(simulacrum)'에서 유래한 용어이다.[11] 이 시뮬라크룸은 영어에도 흡수되어 '모조품', '가짜 물건' 등을 가리키는 말로 쓰이고 있는데, 시뮬라크르가 단순한 모조품이라는 언어적 의미를 넘어 철학적 및 사회적으로 확장된 데에는 장 보드리야르의 저서 《시뮬라크르와 시뮬라시옹》의 역할이 컸다고 할 수 있다. 현대에 와서 시뮬라크르[12]는 실제로는 존재하지 않는 대상을 존재하는 것처럼 만들어 놓은 인공물을 지칭하는 의미를 갖는다고 학자들은 말한다. 즉, 실제로는 존재하지 않지만 존재하는 것처럼, 때로는 존재하는 것보다 더 실재처럼 인식되는 대체물을 말한다. 우리 말로는 '가장(假裝)'이라는 말로 번역하는 것이 가장 근사치의 용어가 될 수 있겠지만, 현재 우리 학계에서는 원어를 그대로 사용하는 것이 낫다고 보고 있다. 시뮬라크르의 번역으로 '가장'과 유사한 '위장(僞裝)'이라는 단어를 들 수 있는데, 이 단어는 프랑스어의 '디시뮬라시옹(dissimulation)', 즉 실제 있는 것을 없는 것처럼 감추는 행위를 지칭하는 말로서 전혀 반대의 의미를 가질 수 있기 때문에 '가장'이라는 단어가 시뮬라크르의 가장 적절한 번역으로 보여진다.

보드리야르는 이 시뮬라크르에 대해 주장하기를, 현대에서 주목되는 제3열의 시뮬라크르는 흉내낼 대상이 없는 이미지(image)이며, 이 원본 없는 이미지가 그 자체로서 현실을 대체하고, 현실은 이 이미지에 의해서 지배를 받게 되므로 오히려 현실보다 더 현실적인 것이 된다고 말하고 있다(보드리야르, 하태환 역, 2001, 9쪽). 보드리야르는 이미지에 의해 지배받는 시뮬라크르의 단적인 예로서 현대의 전쟁을 말하고 있다. 예를 들어 미사일을 발사하는 경우, 발사 담당자는 실제로 미사일을 육안으로 보면서 하지 않고 컴퓨터 화면을 보면서 하기 때문에 화면상의 미사일 궤도는 실제 미사일 궤도보다 더 중요하게 여겨지며, 여기서 화면상의 미사일 궤도는 우리에게 시뮬라크르로 존재하게 된다. 그런데 미사일이 실제로 목표물을 맞추었는가 하는 중요한 과제도 바로 이 화면에 의존하기 때문에 현대의 전쟁에서는 실재보다 이런 시뮬라크르 같은 이미지가 더 중요하다고 여겨지게 된다는 것이다. 보드리야르는 결국 시뮬라크르는 실재보다 더 실제적인 것이 되며, 더 나아가 이미 존재하고 있는 것과는 아무 관계없는 독자적인 또 하나의 현실이 될 수 있다고 주장하고 있다. 심지어 보드리야르는 "이라크전은 발발하지 않았다"라고까지 주장하고 있는데, 실제의 전쟁 현실은 참혹하지만 사람들은 이 현실을 TV뉴스 화면을 통해서 접하기 때문에 전쟁을 게임처럼 느끼게 된다는 것이다. 보드리야르의 주장은, 미디어에서 중개하는 시뮬라크르로서의 전쟁이 실제적 차원의 전쟁 참상을 감추고 미디어를 통해 가상현실 뒤편으로 현실이 사라지게 만들 수 있다는 뜻으로 해석될 수 있다(보드리야르, 하태환 역, 2012, 39~41쪽).[13]

사실, 시뮬라크르는 보드리야르가 새롭게 확립한 개념은 아니다. 프랑스의 현대 철학자 질 들뢰즈(Gilles Deleuze, 1925~1995)[14]가 먼저 이 개념을 확립했는데, 질 들뢰즈 또한 그리스의 위대한 철학자 플라톤(Platon)이 언급한 시뮬라크르를 재해석한 것이라고 보아야 한다. 플라톤은 사람이 살고 있는 이 세계는 모든 사물의 원형인 이데아(Idea), 이데아의 복제물인 현실, 그리고 복제의 복제물인 시뮬라크르로 이루어져 있다고 보았다. 플라톤이 말하는 이데아는 현대사회에서 '관념'이나 '생각'으로 번역될 수 있다. 플라톤에 의하면, 이데아는 현실에서 발견할 수 없는 영원불변의 참된 존재로서 감각세계 너머에 있는 실재라고 정의된다. 플라톤은 개별 사물들은 이데아의 상에 따라 만들어진 모방이라고 주장한다.[15] 결국 이데아는 개별 사물들에 대한 순수한 절대근원이며, 이데아와 사물들의 관계는 원형과 모방의 관계로 해석될 수 있다. 그리고 플라톤은 원형을 모방한 현실을 'eikones (복제물)'와 'phantasmata(시뮬라크르)'로 구분하고 있다.[16] 복제물은 이데아를 흉내내는 것이라는 개념으로 보았고, 시뮬라크르는 복제물을 다시 복제한 것으로서 이데아 자체를 혼란에 빠뜨릴 수 있는 존재로 간주했다. 결국 플라톤은 시뮬라크르를 단순한 복제가 아닌 환상이나 환영 같은 가치 없는 존재로 본 것이다. 그런데

질 들뢰즈는 플라톤이 언급한 이데아의 존재 자체를 부인하면서 시뮬라크르는 어떤 절대적 기준에 의해 그 가치가 평가될 수 없다고 판단했다.[17]

한편, 보드리야르는 대체적으로 질 들뢰즈의 견해를 따르면서도, 시뮬라크르의 가치 여부를 판단하기보다는 시뮬라크르를 현실보다 더 현실적인 실재로까지 파악한다. 그에 의하면, 시뮬라크르는 실재를 복사한 것이 아니라 그 자체로 독립적인 하이퍼리얼리티(초과실재)를 형성할 수 있다고 보았다. 여러 개의 시뮬라크르들이 유사성(similarity)을 갖고 작용하게 되면 초과실재가 형성되는데, 이런 현상을 보드리야르는 시뮬라시옹(simulation) 현상이라고 주장하였던 것이다. 따라서 초과실재는 시뮬라시옹에 의해 새롭게 형성된 실재로서 전형적인 실재가 갖고 있던 사실성의 영향을 받지 않는다고 평가될 수 있다. 그에 의하면, 초과실재는 실재하는 현실과 어느 정도 관계성을 갖고 있을 수는 있지만 전혀 다른 현실이라고 봐야 한다는 것이다. 보드리야르의 주장이 옳다면, 이제 현대인들은 재미없는 현실보다 디즈니랜드와 같은 환상적이고 화려하고 자극적인 가상현실을 반영하는 시뮬라크르들을 더 좋아하게 되었다고 말할 수 있다. 현대 소비자들은 상품을 소비하는 것이 아니라 광고에서 나타난 이미지를 소비하는 것이고, 실재와 무관한 이미지를 파생하는 시뮬라크르들이 만들어 낸 시뮬라시옹의 테두리 안에 갇혀 살고 있는 것이다. 가상의 이미지로 포장한 시뮬라크르가 현실을 대치해 버린 것이다.

보드리야르에 의하면 우리의 시대는 시뮬라시옹의 시대이며, 이미지의 끊임없는 생산만이 있을 뿐, 이미지의 생산을 실재에 기초하려는 어떠한 시도도 가능하지 않다. 단지 실재의 이미지를 생산함으로써 실재 속에 산다는 착각을 일으키게 하며, 이것은 실재 그 자체보다 더 실재와 같다. 이제 시뮬라시옹은 실재 그 자체를 구성하게 되며, 이 세계에서 시뮬라시옹의 현상은 실제적인 제도들보다 더욱 실제적이 되며, 따라서 시뮬라시옹과 실재를 구분하기가 점차 어려워질 뿐 아니라 시뮬라시옹의 실재가 실재 그 자체의 기준이 된다.

이처럼 보드리야르의 논리에 의하면, 오늘날 우리가 살고 있는 시뮬라시옹의 사회질서에는 재현과 현실의 차이 내지 간극이 없어졌으며, 시뮬라시옹을 통해 만들어진 시뮬라크르가 현실의 기준이 되어 버린다.

2) 미디어, 그리고 광고와 시뮬라시옹

보드리야르의 시뮬라시옹은 미디어가 현실을 재현하는 데서부터 탄생한다. 대중매체가 독점적으로 일상을 매개하며, 현실은 미디어의 재현에 의한 현실이 되면서 그 현실은 언제든지 미디어적 필요에 따라 절취될 수 있다. 이제 미디어는 현실을 매개하는 것에 안주하지 않고 현실을 적극적으로 창조한다. 기의는 사라지고 기표만이 존재하는 현실세계의 진실은 더 이상 문제가 되지 않고 미디어가 실어 나르는 가공된 현실만이 진실이 된다(보드리야르, 하태환 역, 2001, 68쪽). 보드리야르는 현대사회를 기의는 사라진, 기표만이 존재하는 허공의 세계라고 규정한다(보드리야르, 이상률 역, 1999). 이 허공의 세계에서 가장 큰 역할을 하는 것은 미디어며, 미디어의 뉴스와 광고는 자본의 욕망에 따라 서로 연결되는 기호체계를 갖고 있다. 기의가 상실된 기표의 세계에서 그 원천이자 지시대상인 현실 자체는 이제 상징적인 것의 모사물이 될 뿐이다. 미디어가 독점적으로 매개하는 일상적 현실에서 현실의 사물은 존재하지 않으며, 소비자들은 다만 미디어가 만들어 내는 이미지를 소비하고 체제에 순응하며 살아가게 되는 것이다.

즉, 우리가 살아가는 현실은 텔레비전과 같은 매스미디어에 의해 통제된다. 미디어에 의해 통제된 현실에서 결국 사람들은 현실에 존재하는 사물보다 영화나 드라마, 그리고 뉴스 등 영상매체가 전하는 이미지를 더 사실적으로 여기게 되는 것이다. 이를 두고 보드리야르는 "진실인 것은 TV이며, 진실을 만든 것은 TV이다"라고 언급한 바 있다(보드리야르, 하태환 역, 2001, 68쪽).

이처럼 미디어는 현실을 매개하면서 재현하는 듯하지만, 그들의 자본논리 혹은 체제에 의해 사건들을 구경거리나 기호로 변형시키는 효과를 가지고 있다. 여기서 중요한 것은 미디어가 현실의 내용을 조작한다는 것이 아니라, 소비 가능한 기호가 곧 현실이 되었고, 이러한 현실에 대한 형식이 변화한다는 것이다. 이 기호체계에서 모든 현상이 획일화되며, 이 체계는 또 다른 현실을 정리한다.

특히 소비사회에서 현대인들은 미디어에 등장하는 광고들을 통해 상품이 아닌 기호를 소비하게 된다. 소비사회에서는 사물의 존재 혹은 개인의 존재는 기호의 질서 안에 흡수되어 버리고, 결국 기호만이 남게 되는데(배영달, 2005)[18], 현대인이 상품을 소비함으로써 얻는 것은 사물이 아니라 기호인 것이다. 다시 말해 광고는 사물의 생산이나 직접적인 거래와는 아무런 관련이 없음에도 불구하고 사물의 체계에 완전히 포함된다. 광고는 소비에 대해 논할 뿐만 아니라, 다시 소비의 대상이 된다.

유명 주류 브랜드인 바카디 리몬(Bacardi Limon)의 2007년 광고(오른쪽 사진)를 예로 들어 보면, 여기서 실재는 중요하지 않다. 컵 안에는 반쯤 채워진 술과 실재와는 무관한 매혹적인 여성이 담겨 있어, 술을 마시면 이 여성을 얻을 수 있기라도 하듯 소비자의 욕망을 자극한다. 이제 컵 안의 여인은 더 이상 실재인지 아닌지가 중요하지 않고, 그것은 하나의 욕망의 대상으로 변모한다. 남성이 술을 구매하여 마시는 것은 목적이 아니며, 목적은 환상이다.

이처럼 현대 소비사회에서 상품 물화의 궁극적인 형태는 상품의 사물이 아닌 바로 이미지 자체이다. 즉, 소비사회에서 '소비인간'은 시각적인 매체가 전해 주는 이미지를 소비함으로써 '미디어에 의한 욕망'의 재현을 경험하게 된다는 것이다. 앞의 예에서 보듯 미디어에 의한 욕망에는 인간의 성욕도 포함되어 있으며, 보드리야르는 이러한 미디어가 재현하는 모델에 의해 계발된 성욕 또한 일종의 '시뮬라크르'라고 주장하고 있다(보드리야르, 배영달 역, 2002, 79쪽).[19]

오늘날의 시뮬라시옹은 원본도 사실성도 없는 실재, 즉 초과실재의 모델들을 가지고 산출하는 작업이다. 여기서 초과실재는 시뮬라시옹에 의해 새로이 만들어진 실재로서 전통적인 실재와는 그 성격이 판이하다. 즉, 초과실재는 예술작품의 재현처럼 인위적인 현실로 생산된다. 게다가 초과실재는 가장이므로 전통적인 실재가 가지고 있는 사실성에 의해서 규제되지 않는다. 예컨대 "키가 180센티가 넘어야 남자답다"는 것은 어떤 실체적 기준이 존재하지 않는 것으로 가짜의 이상형, 즉 일종의 시뮬라크르이며, 여성들은 이 시뮬라크르를 이상적인 멋진 남자의 모델로 간주하는데 이것이 시뮬라시옹이다. 여기서 중요한 것은 이러한 하나의 이미지 혹은 허상이 초과

바카디 리몬(Bacardi Limon) 광고(2007)

이 광고에서 컵 안에 반쯤 채워진 술과 함께 담겨 있는 여성이 실재인지 아닌지는 중요하지 않다. 그것은 단지 하나의 욕망의 대상으로 변모할 뿐이다. 보드리야르에 의하면, 미디어가 재현하는 모델에 의해 계발된 이러한 욕망은 일종의 시뮬라크르이다.

실재가 되려면 미디어가 이를 보도함으로써 하나의 사회적 문화이자 새로운 현실로 둔갑하게 해야 한다는 것이다. 초과실재로 변모하는 과정에서 가장 큰 역할을 수행하는 것은 그 이미지를 확산시키는 미디어이다. 이러한 초과실재가 실재를 대체하게 되면, 그때는 자기 자신이 자신의 이미지를 만드는 것, 그리고 자신의 언어를 갖는 것이 불가능해지며, 초과실재가 실재를 지배하면 자신의 이미지나 언어조차도 미디어의 지배를 받게 된다. 그때에는 미디어가 증식한 이미지가 말하고 말해지는 것이 중요하게 된다.

미디어가 만들어 낸 이미지가 현실의 실재를 대체하는 세상에 대한 논의는 보드리야르의 저서 《사라짐에 대하여》(2007)에서 더욱 잘 나타나고 있다. 그는 "과잉생산된 이미지는 모든 것을 삼켜 버리면서 현실의 실제적 본질을 사라지게 하는 폭력을 휘두른다"고 지적했다(장보드리야르, 하태환 역, 2012, 61쪽). 보드리야르는 이 저서에서 1차 이라크 전쟁이 발발하지 않았다는 다소 도발적인 주장을 통해 실제 전쟁의 참혹함이 미디어에 의해 중재된 게임과 같은 오락적 이미지로 대체되어 실제적인 차원이 사라져 버린다고 강조했다. 즉, 초과실재로 대체되어 버린 실재의 사라짐으로 인해 결국 이라크 전쟁은 발발하지 않았다고 주장하고 있는 것이다.

형상화된 실재, 진실이나 역사, 그리고 삶과 죽음들은 이제 미디어가 만들어 낸 기호와 이미지인 시뮬라크르에 의해 대체되어 초과실재가 되었다. 이제 우리는 실재와는 상관없는 인공물을 실재인 것처럼 접하고 있으며, 그 속에서 질서를 찾고 있다. 이는 단순히 삶과 죽음, 진실이나 거짓의 문제가 아니다. 이는 사회 전반의 권력과 규칙, 그리고 사람들이 살아가는 사회적 규칙, 질서에도 영향을 미치고 있다.

3) 차이에 따른 사회적 지위 획득에 의한 소비사회에서의 광고

"나는 소비한다. 고로 존재한다(I shop therefore I am)." 페미니즘 아티스트인 바바라 크루거(Barbara Kruger)는 이 한 문장으로 소비사회의 특징을 잘 짚어 내고 있다. 소비의 긍정성 혹은 부정성에 대한 논란을 떠나 중요한 것은 소비를 통해 그 사람의 정체성이 나타난다는 사실이다. 소비사회를 살아가는 인간의 특성을 꼬집고 있지만, 이는 곧 사회 전체의 특성을 나타내기도 한다. 소비의 특성이 곧 사회의 특성이 되는 것이 바로 소비사회이다.

소비사회의 소비는 사물을 취하여 없어지는 것이 아니라 욕망의 충족이며, 이러한 욕망은 단순히 개인적인 것이 아니라 사회적 · 문화적인 것이다. 이들은 단순히 상품이 아니라 이미지와 기호로써 소비된다. 보드리야르는 저서《소비의 사회》에서 현대 소비사회의 특성을 잘 설명하고 있다.

보드리야르가 말하는 '소비'는 크루거의 말처럼 단지 돈을 주고 물건을 구매하는 것 이상의 의미가 있다. 생산과잉 상태에 있는 사회에서는 소비를 통해 모든 것을 소진해 버려야만 '생산'이 다시 가능해지기 때문이다. 이렇게 세계의 모든 것에 사고 팔리는 교환가치를 부여하면, 사람들은 이를 당연히 여길 뿐 아니라 이를 통해 평안과 행복을 얻게 된다. 또한 사람들이 상품을 통해 모든 것을 욕망하게끔 하기 위해 상품에는 사용가치뿐 아니라, 이미지, 구별 짓기, 지위표시, 감성, 사회적 코드와 같은 요소들이 동반되어야 한다. 다시 말해, 우리 시대의 소비는 상품의 구매가 아니라 상품이 재현하는 기호를 구매하는 행위인 것이다.

따라서 보드리야르는 오늘날 모든 것은 소비될 수밖에 없는 기호로 전환된다고 전제하면서, 그 어느 것도 리얼리티가 결코 현실을 지칭하지 않는 공허한 기호로 바뀌는 현상에 저항할 수 없다고 주장한다. 다시 말해 소비사회에서 사물이나 개인의 존재는 기호의 질서 속에 흡수되어 소멸된다. 존재하는 것은 사물이나 개인이 아니라 기호일 뿐이다(배영달, 2005). 즉, 소비의 목적이 더 이상 본질적인 만족이 아닌 기호가치가 된다. 더불어 이 가치는 자신을 남들과 구별시켜 주는 차이를 표시해 준다. 결국 현대인은 남들과 자신을 구별시켜 주는 사회적 차이의 욕구를 실현하기 위해 소비를 한다(최효찬, 2010).[20]

따라서 보드리야르가 강조한 것은 소비사회에서 인간의 욕망은 무엇보다 '차이'에 대한 욕망이며, 사람들이 상품, 즉 기호를 구입하는 근원적 목적은 차별적 지위의 과시에 있다. 이것이 보드리야르가 주장한 '사회적 차이화'의 논리이다.

보드리야르가 강조하고 있는 것은 이러한 소비가 미디어에 의해 매개 혹은 조장되고 있다는 사실이다. 매스미디어에 의해 매개된 욕망은 사회적 의미에서의 욕망의 반영물이며, 이는 개인적 만족과 향유를 위해 물건을 소비하는 것 같지만 결국 타자의 욕망일 뿐 주체적 욕망이 아니라는 점을 강조하고 있다. 미디어는 이러한 허위욕구를 조장할 뿐 아니라, 개인이 이를 소비, 구매할 능력이 되지 않는다면 상대적인 박탈감마저 느끼게 한다. 사람들은 상대적 박탈감을 느끼지 않으려고 미디어에서 본 것을 소비하기 위해 노력하게 되고, 타인과의 소비의 차이를 좁히려고 애를 쓴다. 이러한 차이가 사라지면 사라질수록 사람들은 더 그 차이에 대한 욕구에 집착하게 된다. 보드리야르는 이를 소비사회의 '보이지 않는 폭력'이라고 한 바 있다.

소비사회에서 우리는 광고의 홍수 속에 살고 있다. 제임스 트위첼(James Twitchell)은 저서《욕망과 광고, 소비의 문화사》(김철호 역, 2001)에서 "상업주의의 광고는 물이고, 우리는 물고기"라며, "물고기에게 사고능력이 생긴다고 해도 물에 대해 생각하기는 힘들 것"이라고 한 바 있다. 끊임없는 이윤 창출과 수요 생산의 메커니즘으로 이루어진 소비사회에서 상업광고는 소비자의 욕망을 생산하고 관리하기 위해 현실을 결핍으로 가득 찬 것으로 만들고, 현대인으로 하여금 끊임없이 무언가를 사고 싶도록 만든다. 트위첼은 "사람들이 진정으로 갈망하는 것은 물질 자체가 아니라 '의미가 담긴 물질'이며, 물건에 가치를 부여하고, 이것이 옆 가게에 있는 똑같은 물건과 구별되게 만든다"고 했다(위의 책, 33쪽). 김진영(2007)[21]은 그런 의미에서 광고는 사람들로 하여금 자신이 현재 지니고 있는 것에 불만을 갖게 만드는 기술이라고 했다. 따라서 광고의 물에 사는 물고기인 현대인들은 결국 이러한 욕망으로 인해 물질적인 부(富)만을 추구하고, 다른 사람과의 차별을 통해 '가진 자'의 욕망을 실현하려고 한다.

소비사회에서 소비의 주체는 개인이 아니다. 개인이 스스로 결정하는 '갖고 싶은 것'에 대한 욕망이 아니라, 결핍으로 가득 찬 현실의 개인이며, 이러한 결핍은 다른 사람과의 비교에서 남은 가졌으나 나는 가지지 못함을 인지할 때 발생한다. 현실은 결국 미디어가 만들어 낸 기호라고 할 때, 우리가 소비하는 것은 기호가치의 질서이다(최효찬, 2010). 광고는 이러한 소비사회에서 인간이 어떻게 소비해야 할지 친절히 알려 주고, 소비를 창출하는 이들에게 인간이 어떻게 욕망을 향유할지 상기시켜 준다. 광고 속에 등장하는 제품을 소비하면 남들과 달라진다는 것을 부각시키고, 특정한 옷이나 차와 같은 상품을 소유함으로써 다른 사람과 차이가 생긴다는 것을 강조한다.

이를 특징적으로 보여 주는 것이 현대자동차의 그랜저 광고(오른쪽 사진)이다. 오랜만에 만난 두 친구가 서로의 안부를 묻는데, 친구가 요즘 어떻게 지내냐는 말에 자신의 그랜저 자동차를 보여 주었고, 이를 친구가 부러운 듯이 바라본다는 내용이다. 그랜저를 소유한 친구는 별 말 없이 뿌듯하고 자신만만한 얼굴에 미소를 띠고 있다. 즉, 그랜저라는 특정 자동차를 구입함으로써 자신의 사회적 지위를 알려 주었고, 반대로 이를 바라보는 친구는 그랜저를 소유한 친구와 자신을 비교하며 친구의 현재 위치를 부러워한다.

이쯤 되면, 인간에게 소비의 목적은 욕구의 해소와 향유에 근거하지 않고, 타인과 다름 혹은 차이의 가치를 가진 사회적 코드를 생산하는 데 있다. 이러한 타인과의 차이에서 오는 사회적 지위 획득이라는 사회적 코드는 보드리야르가 현대 소비사회를 "소비사회, 그것은 배려의 사회인 동시에 억압의 사회이며, 평화로운 사회인 동시에 폭력의 사회이다(보드리야르, 이상률 역, 1999, 268쪽)"라고 일컬은 것과 일맥상통한다. 소비사회는 소비과정에서 기회를 균등히 하거나 사회적 · 경제적 지위를 둘러싼 경쟁을 완화시키기는커녕 오히려 모든 형태의 경쟁을 격화시킨다.

광고를 통해 조장되는 사회적 지위의 차이는 비단 물건의 소유와 비소유에 의한 차이에서 비롯되는 것만은 아니다. 최효찬(2010)은 이러한 차이가 결국 개인의 여가에서도 소비를 강요당하는 이유라고 본다. 예를 들면 미디어가 해외로 떠나는 여행객이나, 산호초 바다에서 낭만적인 휴가를 보내는 장면을 보여 줄 때조차 사람들은 이를 소비하지 못하는 것에 대해 억압을 느끼고 소외를 경험한다는 것이다.

현대자동차 그랜저 광고(2009)

현대인에게 자동차는 부와 사회적 성공의 상징이다.
이 광고는 "잘나가는 남자는 잘 나가는 고급 세단을
탄다"는 보편적 인식을 겨냥했다.

결국, 보드리야르의 말처럼 여가시간에 여가를 소비하는 것도 생산적 활동의 일부가 되며, 이는 인간이 생산의 노동에서 자유로워지는 것과는 거리가 멀다는 것을 보여 준다. 경제력이 뒷받침되지 않는다면 남들처럼 멋진 상태에서 여가를 보낼 수 없게 되고, 이렇게 되면 결국 상대적 박탈감을 갖게 된다.

이러한 예는 현대카드 광고에서 잘 나타난다. 주 5일제 근무를 애타게 기다리던 직장인들에게 여가의 소중함을 일깨워 준 카피 "열심히 일한 당신 떠나라"로 더욱 유명한 현대카드 광고는 당시 소비자들로부터 큰 호응을 얻었다. 하지만 여기서 얻게 되는 여가는 결국 가진 자들이 누리는 것으로 표현된다. 고층의 개인 사무실에서 업무를 마친 남자가 창문을 열고 눈 아래 펼쳐진 도심을 내려다본다. 그리고 아름다운 여자 친구를 고급 세단의 차에 태우고 교외의 멋진 곳을 달린다. 그의 손에는 그의 경제적인 능력을 나타내 주는 현대카드가 쥐어져 있다.

이 광고는 여가에 있어서의 사회적 차이에 대한 욕망은 소비자들의 욕망과 맞닿아 매우 성공적인 광고로 인식되었고, 이에 따라 유사한 시리즈 광고물이 나오기 시작했다. 역시 현대카드의 '인생을 즐겨라' 시리즈가 그렇다.

사실 이 광고는 광고의 이미지보다는 로고송이 더 유명했다. "아버지는 말하셨지, 인생을 즐겨라. 재미나게 사는 인생, 자 시작이다. 오늘밤도 누구보다 크게 웃는다. 아버지는 말하셨지, 그걸 가져라"라는 로고송은 그 멜로디가 쉬워 따라 부르기도 편하다.

하지만 이러한 로고송은 '인생의 즐거움' 또한 어찌 보면 아버지의 부를 세습하면서 이루어지는 것이며, 이러한 부의 여부에 따라 이성

현대카드 광고 '열심히 일한 당신 떠나라' 편(2002)

열심히 일한 개미의 삶을 미덕으로 삼던 사회의 통념까지 흔든 성공적인 카피로
유명하다. 현실에 얽매인 채, 베짱이의 유유자적함을 동경하는 직장인에게 새로운
라이프 스타일을 제시한 이 광고는 당시 여가산업에도 큰 영향을 끼쳤다.

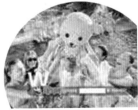
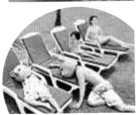

현대카드 광고 '인생을 즐겨라' 편(2005)

"아버지는 말하셨지 인생을 즐겨라~ 웃으면서 사는 인생, 자 시작이다
오늘 밤도 누구보다 크게 웃는다. 하하하
웃으면서 살기에도 인생은 짧다. 앞에 있는 여러분들 일어나세요.
아버지는 말하셨지 그걸 가져라.
그걸 가져라. Player's License W 현대카드"

현대카드 광고 '인생을 즐겨라' 패러디

현대카드의 2005년도 광고인 '인생을 즐겨라'는 현대인들에게 소비의 미덕을 가르치고
있다. 즉 젊은 나이에 돈을 쓰며 인생을 즐기라고 충고하고 있는 것이다. 이는 과거에
아끼고 저축하며 인생을 즐기는 대신 소비하며 즐기는 인생을 살라고 충고하고 있다.
이후 이 광고의 패러디도 등장했다 "아버지는 망하셨지, 인생을 즐기다가."

에 대한 매력, 여가의 질, 그리고 결국 인생의 즐거움도 달라질 수 있다는 것이다. 이는 부와 사회적 지위의 지속적인 세습으로 인해 그 차이가 지속적으로 나타날 것임을 암시하고 있다. 더불어 이미지 화면을 직사각형으로 하지 않고 원형의 일부를 사용하여 둥근 모양의 영상을 보여 주는 것은 이미지 속 모델의 인생을 망원경으로 지켜보면서, 그의 인생을 흠모하는 듯한 상황을 연출하는데, 이는 사회적 지위 차이에 대한 박탈감 및 그 지위에 대한 흠모, 그리고 그러한 대상과 같아지려는 욕망까지도 건드린다.

　보드리야르는 이러한 광고들은 소비사회에서 나타나는 인간의 차이에의 욕구를 충족시켜 주는, 어쩌면 '배려'일 수도 있다고 한다. 소비인간은 자기 자신의 향유를 의무로 삼는 존재이며, 그 향유와 만족을 꾀하는 존재이기 때문이다(보드리야르, 이상률 역, 1999, 105쪽). 하지만 미디어에의 노출이 지속되고 누적되면서 개인은 타인과의 차이를 얻거나, 혹은 사회적 지위를 얻도록 강요받게 된다. 결국 소비사회의 욕구 충족적 배려는 억압적 배려인 것이다(보드리야르, 이상률 역, 위의 책, 212~213쪽). 이는 앞에서 예로 든 현대카드 광고에서 나타난다. 미디어에 의해 만들어진 인물의 인생을 마치 망원경을 통해 훔쳐보는 것 같은 상황 구성을 통해, 미디어에 등장한 인물의 화려한 삶을 흠모하며 그와 닮아 가려는 인간의 욕망을 건드린다. 이는 결국 미디

어를 통해 재생산되는 소비사회에 길들어지게 하는 사회적인 억압의 한 방법인 것이다.

이렇게 인간은 광고에서 만드는 인공물을 닮아 가려고 하며, 그 차이를 없애고, 남들과의 차별성을 얻어 사회적 지위를 얻고자 하지만, 결국은 지속적인 차별을 겪게 된다. 개인들은 욕구의 충족과 사회적인 지위 상승을 위해 자신을 억압하고 억제하지만, 결국 그들은 현대카드 광고에 등장하는 인생을 즐기는 인간이기보다는 그 주변부에 놓인 인간들이다. 인공으로 만들어진 욕망의 주체와 닮아 가려 하고, 그에게 잘 보이려고 달려들며, 지속적으로 허상의 인생을 흠모하는 시뮬라크르가 되는 것이다.

앞에서도 언급했듯이, 보드리야르는 현대 소비사회가 결국 배려의 사회인 동시에 억압의 사회이고, 평화로운 사회인 동시에 폭력의 사회라 말한 바 있다. 소비의 과정에서 인간은 지속적인 경쟁의 사회로 내던져지고, 경쟁을 통해 결국 기회의 균등이나 사회적 차별이 완화되는 것이 아닌 더 많은 차별을 만들어 내고, 그 차별로 인해 인간은 지속적인 폭력을 당한다(최효찬, 2010).

보드리야르가 바라본 소비사회에서는 상품이 기호가 되며, 기호가 상품이 된다. 소비사회에서 기호는 차이를 가능하게 하는 요인으로 작용한다고 한다. 즉, 사람들은 특정한 물건을 소유하고, 이를 소비함으로써 다른 사람과의 차이를 발생시키고, 이러한 차이는 결국 기호의 체계 안에서 발생한다고 말한다(김상학, 양초산, 2006).[22] 즉, 기호의 체계 안에서 인간은 경제, 지식, 욕망, 육체, 기호, 충동 등 모든 수준에서 경쟁원리가 관철되고, 모든 것이 차이화(差異化)와 차이를 넘어서는 초차이화(超差異化)의 끊임없는 과정 속에서 교환가치로 생산된다(보드리야르, 이상률 역, 1999, 283쪽).

다시 말해 현대의 삶은 미디어에 의해 재현된다. 또한 이러한 재현은 결국 초과실재가 지배하는 시뮬라시옹 세계, 즉 재현할 원본이 없어지는 세계로 이양되고, 시뮬라시옹화된 실재는 지시 대상, 혹은 원천을 상실한 채 재현의 논리와는 상관없어진다. 결국 우리는 실재하지 않는 것을 실재한다고 믿으며, 가상의 현실에서 삶의 질서를 배우고, 이를 영유하게 된다.

이제 소비사회에서 인간은 보드리야르가 일컬은 것처럼 시뮬라크르(simulacre)로 내몰린다. 결국 인간들은 실제로는 존재하지 않는 대상을 존재하는 것처럼 만들어 놓은 인공물과 같아지는 것이다. 바로 보드리야르가 말한 '소비인간'이다. 소비인간은 자율적 주체에 의한 욕망을 소비하는 것이 아니라 미디어에 만들어진 허상의 인간을 선망하며 차이의 욕구를 실현하기 위해 끊임없이 물질을 소비하고 여가를 소비하는 인간이다. 하지만 결국에는 그 차이의 욕구는 더 많은 차이를 발생하게 하고, 개인은 더욱더 경쟁의 세계로 내몰리게 된다.

이러한 소비사회, 그리고 소비인간을 부추기는 것은 바로 광고이다. 광고는 나날이 새로운 기호를 만들어 낸다. 광고는 지속적으로 사물을 소유하고 소비하도록 강요하고 이러한 인생을 보여 줌으로써, 소비자들로 하여금 그 상품을 소비하면 자신을 타인과 다르게 만들어 행복해질 수 있을 것이라고 느끼게 한다.

오늘날 우리 사회는 소비사회이며, 우리나라의 소비문화는 결국 상품을 소비하는 것이 아니라 그 상품의 브랜드와 같은 기호의 가치를 더 중요하게 여기는 문화이다. 일부 연구에서 나타난 분석에 의하면 백화점과 브랜드 전문점에서 쇼핑하는 사람일수록, 브랜드 가치를 상품의 구매동기로 삼는 사람일수록, 그리고 소비에서 미디어의 영향을 크게 받는 사람일수록 고급스러운 제품을 추구하는 현시적인 소비성향이 높았다. 재미있는 것은 이러한 사람들은 모두 상대적으로 자아 정체성이 낮은 사람들이었다는 것이다(이은정, 2003).[23] 이는 명품과 같은 브랜드의 이미지나 기호가 자신의 신분이나 지위를 나타내는 것이라고 믿고, 그 지위를 획득하기 위해 소비를 한다는 것이다. 즉, 명품을 구입함으로써 상류층 사람들과 동질감을 느끼고, 그들과 닮아 가려고 광고의 상품을 지속적으로 소비한다.

하지만 보드리야르의 말처럼 최상류 계급은 차이의 소비의 역설적인 형태로 '과소소비' 혹은 '반소비'를 채택하려 한다. 그에 의하면 이는 상류계급이 과시적인 과소소비 전략을 통해 출세 제일주의자들에게 행하는 저항이다(보드리야르, 이상률 역, 1999, 121~122쪽). 즉, 뽐냄이 아니라 남의 눈에 띄지 않는 태도와 검소함, 그리고 겸손함으로 자신을 나타내는 차이의 소비를 한다는 것이다(최효찬, 2010).

이와 같이 인간은 명품 소비를 통해 자신의 차이를 입증하려 하고 다른 사람과 차이를 나타내려고 하지만 갈수록 더 차이에의 욕구를 느끼게 되며, 억압당하고 배제당한다. 즉, 미디어에 의한, 광고에 의한 소비사회에서 소비인간에게 행해지는 폭력은 광고의 시뮬라시옹 효과에 의해 지속될 것으로 보인다.

3. 광고와 가상현실

현대 광고에서 컴퓨터 그래픽의 사용은 빼놓을 수 없는 요소이다. 컴퓨터에 의해 첨단 그래픽 기법이 사용되기 시작하면서 광고는 그 표현에 한계가 없어지게 되었다. 표현의 한계를 벗어난 광고 크리에이티브는 그야말로 자유롭고도 유연한 표현의 바다를 헤엄쳐 다니고 있다. 생각하는 바를 다 그릴 수 있고, 상상하는 바를 다 영상으로 표현할 수 있게 되었다. 컴퓨터 그래픽은 처음에는 실사촬영의 난관을 극복하기 위한 수단으로, 나중에는 제작기간을 단축하고 제작예산을 절감하기 위한 수단으로 쓰이기도 하면서 그 사용 빈도수를 더해 가게 되었다. 지금은 컴퓨터 그래픽 기술의 월등한 진보로 인해 실사촬영으로 표현하기 어려운 부분들을 그래픽이 다 처리해 주고 있다. 사람의 얼굴표정의 변화에서부터 넓은 광야에 빌딩을 세우는 것까지 실사처럼 표현할 수 있는 것이 현대 그래픽의 기술 수준이다. 이제는 3차원의 가상공간(virtual space)을 마련하는 일은 쉬운 기술적 수준이 되어 버렸다. 그래픽으로 구현된 3차원의 가상공간이 우리에게 가져다주는 현실은 우리 눈이 평상시 지각하는 현실과는 분명 차이가 있다. 그 현실은, 실제 존재하는 현실이 아니라 우리의 실존적 상황과는 차원을 달리하는 또 다른 가상의 현실(virtual reality)인 것이다.

여기에서는 이런 가상현실이 광고 속에서 표현될 때, 그 현실이 유발하는 심리적 효과들은 어떤 것들이 있으며, 그것이 어떤 딜레마적인 요소들을 함유하고 있는지 살펴보기로 하자.

imagination walks **CAMPER**

Department Store : Lotte Main / Jamsil / Bundang / Daegu / Busan / Galleria West / Hyundai Main / Chunho
Duty Free Store : Lotte Main / Incheon Airport / World / Busan

사람의 머리부분을 신발 케이스로 대체하고 뚜껑이 열린 상태에서 무지개로
연결하는 모습은 광고를 통해 소비자의 상상력을 최대한 자극하는 광고의 예이다.
워킹화 전문 회사인 캠퍼는 "imagination walks. 상상이 걷는다." 라는 헤드라인을
통해 가상현실의 긍정적인 측면을 광고를 통해 매우 잘 강조하고 있다.

1) 가상현실(virtual reality)의 현재적 주소

가상현실이란 실제처럼 느껴지는 인공의 세계, 즉 마치 실제의 세계처럼 우리의 모든 움직임에 대응하는 인공의 세계를 말한다고 할수 있다. 이 용어는 1970년대 중반 비디오플레이스(videoplace) 개념을 창안한 마이런 크루거(Myron Krueger)가 처음으로 사용한 '인공현실(artificial reality)'이라는 말에서 비롯되었으며, 그 후 미국 VPL 리서치(VPL Research)사의 사장이었던 재론 레니어(Jaron Lanier)에 의해 1989년 '가상현실'이란 용어로 재탄생되었다. 가상현실은 문자 그대로 현존하지 않는 가상세계를 컴퓨터를 통하여 인위적으로 만들어낸 것으로, 사람들은 그 곳을 탐험하기도 하며 여러 가지 형태의 다양한 체험과 특수한 환경을 경험할 수 있다.

광고 속에 나타나는 가상현실은 크게 두 가지로 나뉜다. 컴퓨터 그래픽에 의해 주로 만들어지는 가상공간(virtual space)에 의해서 생성되는 가상현실이 있고, 다른 하나는 실사촬영된 부분과 합성된 그래픽적인 요소에 의해서 생성되는 가상현실이 있다. 이 가상현실은 어느 경우든 실제 현실과는 다르며, 그래픽적인 표현에 의해서만 존재할 수 있는 현실인 것이다.

가상현실을 통해서 수용자가 느끼고 경험할 수 있는 과정을 세 가지로 나누어 볼 수 있다. 그것은 몰입(immersion), 사고적 항해(thinking navigation)와 조작(manipulation), 그리고 상상(imagination)이다. 두 번째 과정까지는 사실 시각 디자인 측면의 성격이 강하다고 볼 수 있다. 몰입의 과정은 수용자가 가상현실을 접하게 될 때 처음 발생하는 수용과정이다. 실제 현실과 괴리감이 있는 가상현실에 대해 호기심의

발동과 함께 몰입하게 되는 것이 수용자들의 현실이다. 이런 원리가 광고에도 적용된다. 소비자가 광고에 노출된 후 가상현실이 포함된 광고의 콘텐츠를 접하게 될 때 몰입의 과정을 겪게 된다.

'사고적 항해'의 단계는 컴퓨터 그래픽적인 차원에서 볼 때, 수용자가 무언가 조작할 수 있는 상황이 벌어질 때 해당되는 용어이다. 광고에서는 '조작'의 과정은 없으며 사고적 항해의 단계만 있게 된다. 이 단계에서는 가상현실을 이성적으로, 그리고 논리적으로 이해하려는 과정이 포함된다. 현실 그 자체는 아니지만 현실이라고 가정하며 눈 앞에 펼쳐지는 상황이 어떻게 형성되고 영상으로 제작되었는지를 생각하게 된다. 수용자가 겪게 되는 이러한 과정을 '사고적 항해'라고 부를 수 있다. '사고적 항해' 과정은 실사촬영에 의해 제작된 광고보다 컴퓨터 그래픽에 의해 제작된 광고에서 더욱 잘 일어나게 된다.

세 번째 단계는 '상상'이다. 하지만 이 단계는 항상 일어나는 것은 아니다. 소비자에 따라서, 혹은 광고의 콘텐츠에 따라서 발생한다. 보통 소비자들은 일반광고보다는 그래픽을 사용한 광고에서 가상현실을 접할 때 상상을 더 많이 하게 된다. 그러나 상상의 방향이 항상 긍정적 방향으로만 흐르는 것은 아니다. 긍정적 요소와 부정적 요소를 모두 포함하게 된다.

2) 광고적 표현과 가상현실

광고에서 가상현실의 표현기법을 많이 사용하는 브랜드로는 나이키와 리복을 꼽을 수 있다. 그리고 국내 브랜드로는 휴대폰 관련 브랜드들이다. 특히 나이키 광고들은 실사촬영과 그래픽 기법을 적절히 사용하여 우리에게 특별한 가상현실을 보여 줄 때가 많다. 국내 휴대폰 광고들은 가상현실을 광고 속에 적절히 가미함으로써 표현의 한계를 넘어서고 있다. 초기의 LG 싸이언 광고는 휴대폰을 사용하는 모델이 전철 객차의 벽을 그냥 통과하는 가상현실을 그래픽으로 처리한 바 있다. 휴대폰 초창기 시절 SK 텔레콤의 TTL 런칭 광고는 포스트모더니즘의 표현양식으로 물고기가 빈 공중을 돌아다니는 가상현실을 표현한 바 있다. 2003년에 들어서도 TTL광고는 광고 속에 많은 양(羊)들을 등장시킴으로써 가상현실 속에서의 설득적 메시지를 추구하고 있다. 노트북 'X note' 같은 경우는 모델 조인성을 예수 그리스도와 12제자들의 최후의 만찬 장면에 등장시킴으로써 또 다른 차원의 가상현실을 조작하고 있다.

표현의 한계를 제거하고 광고 크리에이티브 한계의 지평을 보다 넓히기 위해서는 가상현실의 표현 방법을 광고에 많이 도입하는 것이 바람직하다. 그러나 여기서 우리는 광고 속에 표현된 가상현실이 가져다주는 몇 가지 결과들을 신중하게 분석해 볼 필요가 있다. 가상현실이 광고 소비자들에게 가져다주는 결과는 긍정적 측면과 부정적 측면이 상존하고 있다는 점이다. 긍정적 측면과 부정적 측면이 광고에 표현된 가상현실 속에 어떻게 내재하고 있는지 살펴보기로 하자.

(1) 가상현실의 긍정적 측면

(가) 상상의 자극

가상현실이 소비자에게 미칠 수 있는 첫째 요소는 긍정적인 상상 (imagination)의 효과이다. 가상현실을 접하는 소비자는 몰입과 사고 적 항해의 과정을 거쳐 상상을 하게 되는데, 이러한 상상의 효과들이 브랜드에 대한 긍정적 이미지를 심어 주는 결과를 가져올 수 있다. 좋은 필링(feeling)에서 시작된 상상은 긍정적 구매욕구를 자극할 것 이다.

인간은 꿈을 꾸는 존재이다. 수면이라는 무의식세계에서도 꿈을 꾸며, 활동 시 머릿속 상상을 통해서도 꿈을 꾼다. 인간이 활동할 때 갖게 되는 상상 또한 매우 중요한 인간 정신세계의 한 부분이다. 사 람이 깨어 있을 때 무엇을 상상하느냐에 따라 그 사람의 미래가 바 뀔 수 있다. 만약 광고가 소비자의 상상력과 욕구를 진정으로 자극 할 수 있다면 소비자의 의식세계를 쉽게 파고듦으로써 구매창출 효 과를 높일 수 있다고 본다. 소비자의 상상력을 최대한 자극하는 광 고는 여러 영역 중에서도 가상현실을 이용한 광고가 가장 가깝다고 여겨진다.

(나) 환상(fantasy)효과 유발

소비자가 가상현실을 포함하고 있는 광고에 노출될 때, 처음에는 상상력이 자극되며 다음 단계는 환상 속에 빠질 수 있다. 광고는 의사 이벤트(pseudo-event)를 연출하는 프로듀서이다. 사물을 구경거리가 될 만한 이벤트로 만들어 이를 지극히 자연스럽게 보이도록 하는 거 리의 마술사이다. 그러한 마술이 얼마나 흥미롭고 아름답게 보이느냐 하는 것은 보는 이의 마음에 달려 있다. 마술사를 얼마만큼 신뢰하고 그의 능력을 믿느냐에 따라 마술에 빠져드는 정도가 달라질 것이다. 그런데 가상현실을 이용한 광고는 소비자로 하여금 다른 광고에 비해 더 유쾌한 환상 속에 빠져들게 한다. 결국 광고는 인간의 상상력을 어떻게 효과적으로 자극하느냐에 따라 그 효과가 달라질 수 있다. 하지만 과도한 자극은 소비자를 과도한 환상 속에 빠뜨려 가상현실에 갇히게 만든다. 즐거운 환상은 소비자를 건전한 소비의 길로 유도한다. 그러나 과도한 환상은 자아부착(ego cathexis)이 약해진 소비자들을 대상부착(object cathexis)이 강화되는 길로 인도함으로써 잘못된 환상 속으로 몰고 가게 되며, 과소비를 부추겨 결국은 건전한 소비환경을 파괴하게 된다. 화장품 광고나 패션 광고가 여성 소비자들을 잘못된 환상 속으로 유도하게 되는 것은 가상현실의 방법을 사용했을 때 훨씬 더 심해질 수 있다. 소비자가 건전한 환상(fantasy) 속에 머물 것이냐 혹은 과도한 환상(hallucination)으로까지 발전할 것이냐 하는 것은 소비자의 결정에 달려 있기도 하지만 가상현실의 방법을 사용하는 광고가 그러한 충동 드라이브(impulsing drive)를 자극할 수도 있는 것이다.

(2) 가상현실의 부정적 측면

가상현실이 광고를 통해 소비자를 오염시킬 수 있는 길은 크게 두 가지가 있다. 하나는 초과실재(hyperreality)이며 다른 하나는 인공현실(simulacre)이다. 가상현실이 실재보다 더 실재처럼 되는 현상을 보드리야르는 초과실재라고 정의하고 있다. TV가 현실세계를 시뮬라시옹함으로써 다른 이미지로 위장(camouflage)한 의사환경(pseudo-environment)을 만들 수 있듯이 광고도 가상현실을 통해 상품에 부여하는 별도의 이미지로 소비의 허구세계를 조장할 수도 있다. 가상현실의 영향력에 지배를 받는 소비행태는 본래의 건전한 소비행태를 왜곡시킬 수 있으며, 광고 코드(code)들의 조합에 의한 인조품격인 네오리얼리티(neoreality)를 형성할 수 있다.

(가) 초과실재의 부정적 파편들: 원본능의 지나친 자극과 자아도취로의 유도

프로이트는 인성(人性)을 원본능(id)과 자아(ego) 그리고 초자아(superego)로 구분했는데, 광고와 관련 있는 부분은 원본능과 자아이다. 원본능은 욕구충족에 필요한 대상의 심상(心象)을 형성하는 데 작용하는 심리적 1차과정(primary process)을 통해 형성된 인성인데, 인간을 긴장으로부터 해방시켜 주는 자유의지적 자아로 분석될 수 있다. 원본능은 다소 감성적이고 충동적인 자아로 분류된다. 인간이 갖고 있는 부착성향(cathexis tendency)에 유동성을 가하게 되면 인간은 원본능에 의해 쉽게 지배받도록 하는 힘이 생겨날 수 있는데, 이 힘을 '충동'이라고 부른다. 프로이트는 저서《쾌락 원칙의 저편》(*Beyond the Pleasure Principle*, 1920)에서 인간에게는 성적 충동(libido)과 공격적 충동 혹은 파괴욕(destrudo)이 있다고 설명했다.

여기서 공격적 충동은 물욕과 관련있고, 물욕은 소유욕과 통한다. 광고가 인간의 이러한 충동만 자극할 수 있다면 얼마든지 매출의 증대효과를 가져올 수 있는 것이다. 충동을 자극받은 소비자는 심리적 1차과정으로 회귀하여 원본능에 의존하게 됨으로써 자유분방한 공격적 소비성향에 대한 자기 충족적 정당성을 부여받게 된다. 그런데 이렇게 소비자의 충동을 자극할 수 있는 광고기법 중의 하나는 가상현실을 이용하는 것이다. 가상현실 가운데서도 초과실재를 나타내는 광고가 더욱 그러하다고 볼 수 있다. 예를 들면, 휴대폰이 잘 터진다는 사실을 강조하기 위해 모델이 휴대폰을 사용하면서 지하철 객차의 벽을 뚫고 그대로 통과하는 장면을 보여 주는 LG 싸이언 광고의 경우 현실보다 더욱 생생한 초과실재를 묘사하고 있다. 전파만 통과할 수 있는 객차의 벽을 사람이 전파와 함께 통과하는 것이다. 이럴 때 소비자는 컴퓨터 그래픽에 의해 묘사되는 생생한 초과실재의 현장을 경험하게 됨으로써 특정한 상상을 할 수도 있고, 충동적 구매욕을 자극받을 수도 있다. 이처럼 현실을 있는 그대로 표현하는 광고기법이 가져다줄 수 없는 상황을 컴퓨터 그래픽으로 묘사해 내는 것은 소비자로 하여금 초과실재를 경험하게 함으로써 소비욕구에 대한 원본능을 좀 더 쉽게 자극하려는 의도로 해석해야 한다. 컴퓨터 그래픽에 의한 가상현실이 아니라면 그만큼 매출이 증대되지 않을 수도 있기 때문이다.

　소비자의 충동을 자극할 수 있는 또 하나의 광고기법은 자아도취로의 유도이다. 자아도취 증상을 보이는 사람들은 자기 지향적 리비도(libido)가 매우 강한 사람들이라고 프로이트는 주장한 바 있다. 자기 자신과 사랑에 빠진 그리스 신화 속의 청년 나르키소스는 여성광고의 홍수 속에 흠뻑 빠져 있는 현대 여성들 가운데 부활해 있다. 화장품 광고나 매혹적인 향수 광고에 자주 노출되는 현대 여성들은 광고 속의 주인공 모델과 자기 자신을 동일시하곤 한다. 광고 모델과 자기를 동일시하는 현대 여성 소비자들을 자아도취증 환자라고까지 말할 수 있겠지만, 그렇게 된 데에는 컴퓨터 그래픽이 주 원인이라고 말할 수 있다. 예를 들면, 광고 모델의 얼굴 라인을 실제보다 훨씬 더 갸름하게 보이도록 한다든지 몸매를 날씬하게 만드는 일은 다반사로 일어난다. 모델의 몸매를 날씬하게 보이도록 사후편집하는 일은 아주 쉬운 일이다. 화장품 광고에서 모델의 얼굴 피부가 하얀 것도 얼마든지 희게 만들 수 있는 그래픽 기술이 있기 때문이다.

자아도취의 정도가 심해지면 환각(narcotic)에 빠질 수도 있다. 광고의 내용이 사실이고 광고에서 소개된 제품을 쓰면 자신도 모델과 똑같이 될 수 있다는 집착적 환상은 일종의 환각이다. 그래픽을 통해서 제품의 사용과정을 정밀하게 보여 주는 화장품 광고들이 늘고 있다. 시각적 효과를 위한 시도임에는 틀림없지만 초과실재의 부작용을 내포하고 있다고 볼 수 있다. 예를 들어, 화장품의 사용 전과 사용 후의 모습을 그래픽으로 보여 주는 장면들은 자칫하면 현실을 초과한 과장된 현실을 보여 줄 수도 있다. 현실보다 더 현실 같은 초과실재의 부정적 파편들이 소비자들을 오도하고 과소비로 몰고 갈 수 있다는 말이다.

(나) 인공현실(simulacre)의 현실왜곡: 사실왜곡의 정신적 혼돈

보드리야르가 이야기하는 '시뮬라크르'는 존재하지 않는 인공현실이다. 시뮬라크르는 실제로 존재하지 않는 대상을 존재하는 것처럼 만들어 놓은 것을 지칭하는 말이다. 이것은 재현이나 모방과는 본질적으로 다른 차원이며, 실체의 존재를 가정하지만 실체와 실체를 모사한 이미지를 구분하는 이분법적인 사고를 거부한다. 보드리야르는 초과실재가 심화된 과정을 인공현실로 간주하는 것 같다. 하지만 초과실재는 인공현실과 좀 다른 측면을 가지고 있다. 초과실재는 그 의도 면에서 악의가 없다고 말할 수 있지만, 인공현실은 다소 소비자를 기만하려는 의도가 내포돼 있다고 보여진다.

광고 속에 나타나는 가상현실의 사실왜곡 정도가 심해지면 그것은 존재하지 않는 인공현실이 될 수 있다. 인공현실 속에는 사실 왜곡과 기만이 숨쉬고 있다. 인공현실을 통한 사실왜곡의 예는 특히 자동차 광고에서 많이 나타난다. 예를 들어, 1997년에 대우자동차 프린스 광고에서 신모델이 나왔을 때, 양쪽 절벽에 걸려 있는 흔들거리는 구름다리를 전속력으로 달리는 모습을 연출한 적이 있다. 차가 달릴 때 로프와 널빤지로 된 다리는 차가 달리는 속도와 같은 속도로 무너져 내리고 있고 프린스는 그보다 아주 조금 빠른 속도로 달려서 절벽의 반대편에 다다르는 장면을 묘사한 바 있는데, 자동차의 순발력을 묘사하려는 의도는 이해한다 하더라도 그 표현의 정도가 지나친 감이 있다. 이러한 종류의 광고는 릭 샷(rig shot) 기법에 의해 실사촬영(일반 다리 위에서)한 후 모조다리를 만들어 무너지는 장면을 찍고 컴퓨터 그래픽을 이용해 합성하는 방법을 택하는 것인데, 이렇게 연출된 상황은 현실적으로는 절대 있을 수 없는 상황이다. 현실적으로 자동차는 로프와 널빤지로만 된 흔들거리는 구름다리를 건널 수 없는데 광고는 그것을 충분히 표현할 수 있는 것이다. 그래픽에 의한 가상현실은 그것을 충분히 묘사할 수 있지만 소비자의 판단을 오도하고 현실을 왜곡하는 정도가 너무 심한 것이다. 그런데 자동차 광고의 대부분이 가공된 인공현실을 통해 제품을 멋지게 보이려는 의도 때문에 지나친 인공현실의 조장과 함께 소비자의 판단을 흩트려 놓는다. 광고적 표현상의 문제라고 하기에는 지나친 면이 많다는 것이다. 물론 광고 제작자의 상상력을 중시하고 크리에이티브적인 한계의 뚜껑을 제거하기 위해선 사실왜곡을 통한 인공현실 조장을 눈감아야 한다고 주장할 수 있겠지만, 오도된 소비자의 판단이 가져올 폐해는 누가 책임져야 하겠는가?

3) 가상현실은 현실보다 더 매혹적인 현실이다

마이클 하임(M. Heim)은 그의 저서《가상현실의 형이상학(*The Metaphysics of Virtual Reality*)》에서, "가상현실은 현실보다 더 매혹적인 현실로 다가온다"고 주장하고 있다. 그러나 역설적으로 말해 가상현실은 컴퓨터 그래픽적인 기술적 한계를 통해 우리에게 실재의 본질을 말해 줄 수도 있다. 하지만 광고는 그 자체만으로도 충분히 매력적이기 때문에 소비자들은 가상현실의 위력 앞에 무참히 노출되고 충동되고 오도될 수 있다. 그만큼 매스미디어의 영향력이 크다는 말이며, 이제는 광고도 인터넷의 사이버 공간과 연결되면서 가상현실의 영역이 더욱 확장되고 있다.

한 가지 우리가 주목해야 할 것은 가상현실은 현실의 시뮬레이션이나 현실과의 동일시 전략에 의해서 표현되는 것이 아니라 바로 차이(gap)를 통해서 현실을 모사하는 것이라는 점이다. 가상현실은 현실보다 더 현실적인 현실을 생산해 내는 기술로 이해되기도 하지만 하이데거(Heidegger)의 현상학적 분석방법에 의하면 가상현실은 차이를 통해 우리에게 현실에 접근하는 통로를 마련해 준다고 말할 수 있다. 차이를 보여 주려는 것이 가상현실의 의도라면, 광고를 통해서 이상과 현실의 차이를 명확하고 진실되게 묘사함으로써, 소비자가 분명하게 그 차이를 느끼게 만들어야 하며, 그 차이를 극복하기 위한 동기가 부여됨으로써 왜곡되지 않은 정보를 갖고서 제품이나 서비스에 접근할 수 있어야 한다. 그렇게 해야만 소비자가 광고 속에 나타난 가상현실을 통해 이익을 얻을 수 있을 것이다.

주(註)

1) 윤승욱(2005), "광고가 유발한 감정반응이 소비자태도에 미치는 영향",《한국광고홍보학보》,
7권 1호, 8쪽.

2) 강명구(1993),《소비대중문화와 포스트모더니즘》, 민음사, 25쪽.

3) 임경남(1992),《포스트모더니즘과 광고 커뮤니케이션》, 삼희기획사보, 10쪽.

4) John Berger, 강명구 역(1990),《영상 커뮤니케이션과 사회》, 나남, 175쪽.

5) Judith Williamson, 조병량 역(1998),《광고기호론》, 열린책들, 30쪽.

6) 강명구(1991),〈포스트모던 문화 : 문화적 실천과 접합〉,《세계의 문학》(59호), 민음사,
286~315쪽.

7) 박재관(1993),〈포스트모더니즘 광고의 표현 디자인에 관한 연구〉,《광고정보》, 1993년
2월호, 33~37쪽.

8) 박재관, 위의 논문.

9) 보드리야르, 하태환 역(2001),《시뮬라시옹》, 민음사.

10) 보드리야르, 이상률 역(1999),《소비의 사회》, 문예출판사.

11) 위키피디아 백과사전에서 인용.

12) 시뮬라크르는 학자들에 따르면, 세 가지로 분류되는데, 제1열의 시뮬라크르는 모방과
위조이다. 신의 이미지에 따라 자연의 이상적인 회복과 그 이상적인 제도를 목표로 하는
자연주의자들의 시뮬라크르들이 여기에 속하며, 이는 전근대적 사회의 유토피아적
시뮬라크르라고 볼 수 있다. 제2열의 시뮬라크르는 에너지와 힘, 기계에 의한 물질문명을
바탕으로 모든 생산 시스템 속에 세워진 생산적인 면이 강한 생산주의자들의
시뮬라크르들이다. 끝없는 에너지의 해방과 세계화, 그리고 지속적인 팽창의
프로메테우스(Prometheus; 그리스신화에 나오는 타이탄족 이아페토스의 아들로서 제우스 신이 감춰둔 불을
훔쳐 인간에게 내줌으로써 인간에게 맨 처음 문명을 가르쳐 준 인물)적인 목표를 갖는다고 여겨진다.
공상과학이 이 분야에 해당될 수 있다. 제3열의 시뮬라크르는 정보와 정보통신학적 게임
위에 세워지는 시뮬라시옹의 시뮬라크르들이다. 완전한 조작성, 파생적 실재성과 완전한
통제성 목표를 갖는다고 여겨진다. 보드리야르는 이 제3열의 시뮬라크르를 가장 주목해 본
것이다.

13) 보드리야르, 하태환 역(2012),《사라짐에 대하여》, 민음사.

14) 질 들뢰즈는 프랑스의 대표적인 포스트구조주의 철학자인데, 미셸 푸코, 자크 라캉과
함께 프랑스를 대표하는현대 철학자이다. 들뢰즈는 시뮬라크르의 개념을, '잠시
나타났다가 곧 사라져 버리고 마는, 순간적으로 생성됐다 휘발되어 버리고 마는 사건'으로
이해하였다. 구조주의는 공간 위주의 사유와 합리적이고 법칙적인 사유를 지향했는데,
포스트구조주의는 이런 경향과 틀을 이어받으면서도 시뮬라크르의 새로운 개념정립 등을
통해 구조주의와는 다소 다른 사상의 틀을 형성했다.

15) 이 주장은 플라톤의 저서《파르메니데스》에서 언급되고 있다.

16) 플라톤이 말한 eikones는 영어의 icon이 되었고, phantasmata는 영어의 phantasm(환상, 환영)이 되었다.

17) 플라톤은 시뮬라크르를 복제의 복제물로 간주하면서 가장 가치 없는 것으로 본 반면, 들뢰즈는 이데아의 근원 자체를 부인했기 때문에 원형과 시뮬라크르 간의 대조 자체가 무의미하다고 보았다. 들뢰즈는 시뮬라크르도 그 자체로 존재가치가 있을 수 있다고 평가했다.

18) 배영달(2005), 《보드리야르와 시뮬라시옹》, 살림, 41쪽.

19) 보드리야르, 《유혹에 대하여》, 배영날 역(2002), 백의.

20) 최효찬(2010), 〈시각적 감응에 의한 억압과 배제〉, 《비교문학》, 제 52집, 382~383쪽.

21) 김진영(2007), 〈사회성 획득을 위한 광고와 시뮬라시옹〉, 《커뮤니케이션디자인 연구》, 23호, 14~23쪽.

22) 김상학·양초산(2006), 〈장 보드리야르의 시뮬라시옹 개념에서 본 광고와 소비의 현시적 현상〉, 《시각디자인 연구》, 22호, 28~37쪽.

23) 이은정(2003), 〈한국 소비자의 현시적 소비형태에 대한 연구: 장 보드리야르의 시뮬라시옹 개념을 중심으로〉, 홍익대학교 석사학위 논문.

참고문헌

김진영(2007), 〈사회성 획득을 위한 광고와 시뮬라시옹〉, 《커뮤니케이션디자인 연구》, 23호, 14~23쪽.

배영달(2005), 《보드리야르와 시뮬라시옹》, 살림.

장 보드리야르(1999), 《소비의 사회》, 이상률 옮김, 문예출판사.

장 보드리야르(1999), 《사물의 체계》, 배영달 옮김, 백의.

장 보드리야르(1999), 《시뮬라시옹》, 하태환 옮김, 민음사.

장 보드리야르(1999), 《유혹에 대하여》, 배영달 옮김, 백의.

장 보드리야르(1999), 《사라짐에 대하여》, 하태환 옮김, 민음사.

장일(2009), 《이미지-기계: 질 들뢰즈와 동아시아 영화》, 에피스테메.

제임스 트위첼(2001), 《욕망, 광고, 소비의 문화사》, 김철호 옮김, 청년사.

최효찬(2010), 시각적 감응에 의한 억압과 배제, 《비교문학, 52집》, 382~383쪽.

광고 속의 인간과 욕망

"내게 물건을 팔지 말아요.
대신 꿈과 좋은 느낌과 자부심과 일상생활의
행복을 팔아 주세요, 제발 내게 물건을
팔려고 하지 마세요"

마이클 르뵈프 (M. LeBoeuf)
《새 고객을 평생 고객으로 삼는 법》중에서

광고는 오늘날 가장 현대적인 예술인 동시에 사회적인 행동과 의식을 형성하는 데 큰 영향력을 행사한다. 우리가 흔히 사회적인 혹은 문화적인 규범이라 일컫는 것들, 예를 들어 부모에게 효도하는 방법, 남녀 간의 사랑을 표현하는 방법, 직장에서 인정받는 방법 등을 광고는 알려 준다. 하지만 이러한 삶을 살아가는 방법이나 자세의 상당수가 광고 대상인 상품의 연출을 통해 이루어진다.

광고의 가장 중요한 원칙은 바로 광고 전략을 인간의 기본 욕구에 대응시키는 것이다. 따라서 광고는 인간의 본성을 건드린다. 인간 내면에 숨어 있던 본성을 깨워 소비하도록 하고, 사회적으로 행동하도록 한다. 광고가 제품을 팔기 위해 가장 많이 사용하는 욕구들은 인간의 가장 기본적이고 본능적인 욕구뿐만 아니라, 매력적인 사람이 되고자 하는 욕구, 편안한 삶을 즐기려는 욕구, 사랑과 인생에 대한 욕구, 권력에 대한 욕구 등 다양하다. 정신분석학자인 라캉이나 프로이트는 인간을 살아가게 하는 동력이 다름 아닌 인간의 욕망이라 하였고, 인간에게는 처음부터 자신을 벗어나는, 따라잡을 수 없는 그 무엇이 있으며, 이러한 결핍이 환상을 낳게 하는 기초가 된다고 하였다(페터 비트머, 홍준기 · 이승미 역, 1998, 247쪽).[1] 바로 광고는 이러한 욕망을 달래고, 또한 욕망을 만들어 준다. 따라서 인간의 삶이 욕망이라면, 광고는 이러한 욕망과 직결되어 있으므로 광고는 곧 인간의 삶이나 다름없다.

1. 광고와 세대 : 새로운 세대의 탄생

오늘날 우리 사회의 특징을 표현하는 대표적인 단어들 가운데 하나가 컴퓨터 네트워크를 기반으로 하는 'N세대'라는 것을 부정할 사람은 많지 않을 것 같다. 1990년대 이후 X세대, Y세대 등 세대 담론이 범람하고 상업광고를 통해 급속히 유포되기 시작한 이래, 1990년대 말 새롭게 등장한 N세대라는 용어는 이제 새로운 세기의 키워드로서의 위상을 다져 가고 있다. 이 용어가 처음으로 등장한 것은 미국의 정보사회 연구가 돈 탭스콧이 그의 저서《디지털 네이티브(*Growing Up Digital: The Rise of the Net Generation*)》(1999)에서 디지털 기술과 함께 성장해 온, 베이비붐 세대의 자식 또래를 칭하면서부터라 하는데, 우리 사회에서 N세대 담론은 광고를 통해 급속도로 확산되어 온 특징을 갖는다.

국내에서는 10대, 20대를 주 고객층으로 겨냥한 이동통신업체가 제품 콘셉트를 네트워크를 표상하는 n으로 바꾸어 광고를 시작함으로써, 또 돈 탭스콧의 책이 번역, 출간되어 N세대라는 용어가 유행처럼 퍼져 나가면서 N세대의 개념이 강력하게, 그러면서도 자연스레 받아들여지기 시작하였다. N세대의 문화적 특징은 흔히 강한 독립성, 정서적이고 지성적인 개방성, 자유로운 표현, 혁신, 즉각성, 컴퓨터 네트워크를 기반으로 하는 능동적인 정보추구 등으로 제시된다. N세대 담론은 상업성을 제1의 목표로 삼는 광고계에서 가장 먼저, 그리고 폭넓게 수용되고 활용되는 양상을 보여 주고 있다.

우리가 기억할 수 있는 N세대 광고들을 되짚어 보면, 사회문화적 변화에 민감한 광고물들이 N세대의 어떠한 특성들에 주목하고 있는지를 보다 구체적으로 이해할 수 있다. 1997년 휴대폰이 처음 시장에 나왔을 때, 한국통신 프리텔은 브랜드명 자체를 n016으로 바꾸었으며, SK 텔레콤은 N세대를 위한 새로운 개념의 이동전화 브랜드 TTL을 만들어 냈다. 이렇듯 광고계에서 N세대에 주목하는 것은 그들이 가진 구매력, 다시 말해 N세대에 포함되는 인구수와 소비규모에 기인하는 것으로 볼 수 있다. 한 통계자료에 따르면 이들 세대에 포함되는 인구수는 약 755만 명으로 우리나라 전체 인구의 17%에 이른다고 한다. N세대는 풍요로운 시대에 태어나고 자랐으며, 컴퓨터 네트워크를 통한 또래 커뮤니티와의 유대를 중시하고 그들만의 개성을 추구하는 경향을 보인다. 그렇다면 N세대의 출현과 그들의 존재 자체가 특히 광고에서 가공할 만한 효과를 발휘하고 있는 이유는 무엇일까?

그 첫째 이유는 이들의 소비 패턴이 제품의 사용가치에 주목하는 기성세대의 기능성 소비라기보다는 기호성 소비라는 점이며, 이러한 기호성 소비를 자극, 촉진하는 데에 새로운 기법, 신선한 발상의 광고들이 적절히 부합하고 있다는 것에서 찾을 수 있다. 이미 보드리야르가 날카롭게 지적하였듯이, 현대사회에서 사람들이 소비하는 것은 단지 상품의 사용가치만이 아니라 오히려 그 상품이 내포하는 사회적 의미이다. 이렇게 되면 소비 행위 자체가 구매자의 사회적 지위를 나타내거나 자신이 속한 집단에의 소속을 나타내기도 하고, 소비를 통해 자신의 집단과 타인을 구별짓기도 하는데 이러한 특징은 이른바 N세대 계층에서 두드러진다. 2000년대에 범람하는 N세대 담론과 이들의 소비 패턴을 적절히 활용한 광고물들은 바로 이러한 N세대의 특성을 그럴 듯한 이미지로 포장함으로써, 자신을 기성세대와는 다른 새로운 세대로 규정하고 있거나 혹은 그렇게 규정하고 싶어 하는 그들의 차별화 욕구를 자극하는 것이다.

그렇다면 그 표현의 양상은 어떠한가? 광고업계에서는 "N세대를 위한 광고에서는 개성을 강조하는 비주얼 요소를 사용하고, 개인 중심적으로 묘사하는 것이 좋다"는 식의 전술들이 앞다투어 제시되고 있기도 하다.

커다란 눈망울의 모델을 내세워 어딘지 알 수 없는 낯선 장소를 배경으로 뜻 모를 이미지들을 나열하는 이미지 광고인 TTL광고(1999)를 떠올려 보자. 여기서는 언어적인 메시지를 최대한 자제하고 이미지와 상징으로 뒤섞인 불연속적 서사구조를 사용한다. 이는 이른바 포스트모던적 광고 경향의 연장선상에 있는 것으로 볼 수 있는데, 파편화된 이미지들을 병렬하고 모호한 서술구조를 택함으로써 광고 자체에 대한, 보다 근본적으로는 상품에 대한 논리적인 접근을 지양하고 직관과 감각을 요구한다. 결국 광고를 접하는 N세대 스스로가 파편화된 서사구조의 간극을 메우는 주체적 해석자로서의 지위를 부여받게 되며, 스스로 정보를 찾아가고 나름의 해석을 내리는 과정을 즐기게 되는 것이다.

N세대를 겨냥한 광고에서는 또한 N세대만을 위한 것임을 강조하는 이른바 'Only for us' 전략이 핵심을 이루고 있다. 앳된 티를 크게 벗지 못한 얼굴들이 스쳐 지나가며 내뱉는 풋풋한 멘트, "나는 열여덟 살이다, 나는 018이다, 나는 만 팔천 원이다"라는 카피로 유명한 018 틴틴 광고 전략(1998)이나 '우리만의 브랜드'라는 인식을 심어주기 위해 새롭게 만들어진 011의 별도 브랜드 'TTL'(1999) 등은 모

두 기성세대와의 구분을 통해서 스스로의 정체성을 확인받고, 또한 자신들만의 개성을 표출하고자 하는 세대들의 욕구를 적절히 이용한 것들이다. 또래 집단에 속함으로써 가질 수 있는 행복감을 강조한 광고와 그 상품의 소비를 통해서 이들이 진정으로 자신들의 욕구와 개성을 표출하게 될지는 미지수이지만 말이다.

휴대폰 TTL 광고(1999)

1999년에 나왔던 포스트모더니즘 광고의 대표적 광고사례.
신비로운 소녀의 이미지를 간직한 임은경을 모델로 한 모호하고
전위적인 상황 연출로 인해 각광을 받았던 광고이다.

2. 담배 광고 : 남성다움과 여성의 해방

샌더 L. 길먼과 저우 쉰은《흡연의 문화사》에서 브랜드는 담배제품이 아니라 흡연행위 자체를 정의하는 데 이미지들이 이용되도록 하는 수단이라고 했다. 이는 광고의 심상은 지위, 매력 또는 즐거움을 제공하는 흡연의 능력에 관한 21세기 공상이 정의되는 장소가 되었다는 의미이다.[2]

담배는 종종 남성다움의 상징으로 대표되었다. 담배를 피우는 행위는 곧 남성의 우월성을 과시하는 표현인 동시에 이성에게 멋져 보이게 하는 수단이었다. 이러한 담배가 상징하는 남성다움을 잘 표현한 것은 바로 말보로 광고이다. 말보로 광고는 본래 여성용 필터 담배로 출발했다. 그러나 담배의 여성 시장이 작아 대상을 여성에서 남성으로 옮겼고, 광고대행사의 광고 콘셉트는 "여자가 좋아하는 남자의 담배로, 말보로를 피움으로써 진정한 만족을 얻는 남자들을 보여 준다"였다.

광고에는 남성의 대명사들이 등장했다. 부두노동자, 광부, 트럭 운전사 등이 등장했는데, 현재까지 가장 대표적인 이미지는 손등에 문신을 한 카우보이이다. 말보로 광고에는 '바람 같은 자유(freedom)'와 '영원한 대자연(nature)' 그리고 '강인한 독립정신(independence)'이 담겨 있다. 말보로의 광고 이미지에 등장하는 서부는 미국인들의 고향이며, 카우보이는 미국 남자들의 향수를 불러일으켰다. 고향을 떠나 낯선 도시에 살고 있는 미국인에게 말보로는 고향의 소리와 맛이었다. 곧 말보로는 미국의 상징이 되었다.

한편, 담배는 여성해방을 뜻하기도 한다. 담배는 본래 남녀노소가

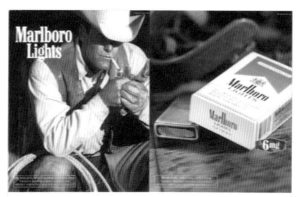

말보로 담배 광고

담배가 상징하는 남성다움을 잘 표현하고 있으며,
특히 카우보이 이미지는 미국 남성들의 향수를 불러일으켰다.

즐기던 기호품이었다. 그러나 현대사회에서 담배는 남성명사가 되어 흡연여성에게는 일탈이라는 꼬리표를 달아 주었다. 영국에서는 담배를 피우는 여자는 곧 거리의 여자라는 인식이 있었으며, 우리나라 또한 여자가 지붕이 없는 곳에서 담배를 피우면 안 된다는 공공연한 규칙(?)이 생기기도 했다.

담배가 남성의 전유물처럼 여겨지면서, 담배는 곧 남성의 특권이 되었고 담배를 물고 있는 여성은 곧 남성의 특권에 도전하는 것으로 여겨졌다. 미국에서 여성해방운동이 일어나던 1968년, 여성해방 운동가들은 남성 중심의 사회에 저항하기 위한 투쟁의 도구로 '담배'를 선택하기도 했다. 이러한 여성해방의 이상과 열망을 담은 광고가 바로 1970년대에 등장한 버지니아 슬림 광고이다.

여성용 담배의 대명사인 버지니아 슬림은 여성해방을 부르짖음으로써 담배의 새로운 장을 열었다. 1970년대에는 여성해방운동이 일어나기 시작했고, 버지니아 슬림은 이러한 시대성을 놓치지 않고 담배를 남성의 특권으로만 여기던 사회에 반격을 가했다. 광고 캠페인에서는 여자가 수동적이고 의존적으로 존재하는 것에 반기를 들고, 이데올로기에서 비롯된 이러한 성의 억압을 철폐해야 한다고 말했다.

버지니아 슬림은 보통의 담배보다 가늘고 긴 모양에, 패키지의 모양도 보통 담배보다 폭이 좁고 길이는 더 길며 두께는 납작했다. 또한 담배 성분이 저타르, 저니코틴이어서 맛도 부드러웠다. 버지니아 슬림 광고에 등장하는 여성들은 급진적이고 현대 지향적이며, 전문적인 직업을 갖고 사회활동을 활발히 하는 여성들이었다. 당시 남성 종속에서 벗어나고 싶었던 여성들의 욕구를 잘 반영한 광고였다. 진보적이고 당당하며, 지적이고 세련된 여성이 되고 싶어 하는

버지니아 슬림 담배 광고

1970년대 미국에서 여성해방운동이 일어나면서
여성해방의 이상과 열망을 담아 등장한 광고이다.

욕구는 버지니아 슬림의 광고 목표와 잘 맞아 떨어졌다.

버지니아 슬림의 대표적인 광고 콘셉트는 '흡연을 통한 해방감'이다. 이 광고는 구여성상과 신여성상을 대비시켜 보여 주었다. 보수적이고 순종적인 구여성상은 흑백 배경으로 처리하고, 전면의 중앙에는 화려한 원색의 컬러로 세련된 현대여성의 이미지를 보여 준다. 이 여성은 언제나 한 손에는 버지니아 슬림을 들고 있다. 그리고 "현대여성이 되는 데 참 오래 걸렸죠, 아가씨(You've come a long way, baby)?"라는 카피가 붙는다. 여기에 "long"은 "wrong"과 발음이 비슷하게 들리며 마치 "참 멍청하게 살아왔지요, 아가씨?"라는 중의법의 전략을 꾀하였다.

3. 행복 : 다이아몬드와 자동차

객관적 지표를 보면 우리의 삶이 과거보다 더 윤택해지고 행복해졌다고 할 수 있다. 기대수명도 과거보다 늘어났고, 질병률은 낮아졌으며, 교육수준도 높아졌다. 대부분의 임금노동자들은 육체노동에서 벗어났고, 여행과 문화생활을 하며 여가를 즐긴다. 인터넷의 발달로 수많은 정보가 유통되며, 누구나 정보를 접할 수 있다. 그러나 이러한 객관적인 지표로 나타나는 행복과 사람들의 심리적인 행복은 반드시 일치하지 않는다. 과거에 비해 자살률은 높아지고, 우울증과 같은 정신적인 질병률도 높아만 간다.

그레그 이스터브룩(Gregg Easterbrook, 2007)[3]은 저서《진보의 역설》을 통해 무조건 앞으로 나아가는 것, 무조건 발전하는 것이 오히려 사람들을 불행하게 만들 수도 있다고 말한다. 그 이유로 현대인의 삶이 더 자유로워졌기 때문에 오히려 선택해야 할 사항이 많아진 것에서 고통을 느끼는 '선택 불안'과 여전히 상대적으로 가난하다고 느끼는 '풍요 부정', 그리고 꿈꾸어 왔던 것들을 실제로 얻게 된 현실 앞에서 오히려 불안이 가중되는 '충족된 기대의 혁명' 등이 바로 그것이다. 특히 여전히 상대적으로 가난하다고 느끼는 '풍요 부정'은 광고에 어느 정도 책임이 있는 것으로 보인다. 광고에서 보여지는 행복에 대한 가상의 이미지는 항상 내 삶과 비교할 때 상위에 있다. 광고에 비치는 행복이 진리가 되고, 우리의 삶에서 달성해야 할 행복의 기준이 된다. 하지만 현실의 나는 언제나 그렇지 못하다.

드비어스의 "다이아몬드는 영원하다"라는 광고에서 영원한 사랑과 행복은 다이아몬드로 환치된다. 아름다운 배경과 사랑하는 남녀,

드비어스의 다이아몬드 광고들

그 둘을 감싸는 행복의 기운에는 언제나 여성의 가느다란 손가락에 끼워진 다이아몬드가 있어야 한다.

일련의 광고들에서 드비어스는 말한다.

다이아몬드를 고르는 것도, 당신이 고르는 것만큼이나 특별합니다. 다이아몬드는 영원합니다. 마음의 표시를 영원히 하는 데 두 달치 월급이 많은 것일까요?

무엇보다 다이아몬드가 당신의 생애에 당신의 사랑을 나타내는 유일한 징표입니다. 다이아몬드는 영원합니다. 영원함에 두 달치 월급을 투자하는 게 너무 많은 돈일까요?

당신의 삶에서 당신이 항상 사랑하고 있다는 것을 상징하는 것은 다이아몬드뿐입니다. 다이아몬드는 영원합니다. 영원함에 단 두 달치 월급이 너무 많은 돈일까요?

이러한 드비어스의 카피는 마치 다이아몬드를 가지고 청혼하는 것이 사치가 아닌 당연한 행동규범인 것처럼 말한다. 할리우드 영화배

드비어스의 "다이아몬드는 영원하다" 광고 캠페인

다이아몬드와 함께하는 아름다운 여성에게 행복은 당연한
것이라고 말해 주는 듯하다.

우 할리 베리가 모델로 등장한 드비어스의 광고에서는 다이아몬드와 함께하는 아름다운 여성에게 행복은 당연한 결과라고 말해 주는 듯하다.

드비어스의 다이아몬드 광고가 사랑받는 여성, 그리고 행복을 다이아몬드에 연결시켰다면 오른쪽의 자동차 광고는 보다 직설적으로 상대적인 행복의 기준을 제시한다.

SM5 자동차 광고에는 사람을 보기도 전에 자동차만 보고 "누구시길래……"라고 기대에 부풀어 쳐다보는 이성을 보여 준다. 그런가 하면 렉스턴 자동차는 '대한민국 1%'들만이 타는 차가 있고, 이 차는 나머지 99%를 이끌고 가는 사회의 리더들만이 탈 자격이 있는 차라고 광고한다. 이 자동차를 소유하는 것은 남들과 차별되는 멋진 존재가 된다는 것이다. 또 다른 광고는 멋진 자동차를 몰고 와서 아들뿐 아니라 아들의 친구들에게까지 비싼 장난감을 뿌리는 아버지를 "세상에서 가장 멋진 아빠"라고 말한다. 여기서 행복은 상품화되어 행복을 직접 소유하는 것이 되어 버린다.

《행복의 역사》의 저자 미셸 페쇠(Michel Pecheux)[4]는 "존재 자체를 소비에 축소시킨 현대인은 하루 종일 대중매체를 통해 방송되는 '처방'에 충실히 따르면서 욕망을 소비하는 법을 배워야 한다"고 말한다. 즉, 인간이 욕망을 소비하는 법을 배우는 데 실패했을 때 불안한 상태에 빠지게 된다는 것이다. 여기에는 도덕적 행복이나 감정적 행복은 힘이 없다.

SM5 자동차 광고(왼쪽)와 렉스턴 자동차 광고(오른쪽)

이 광고들은 광고에서 묘사된 자동차를 갖는 것이 행복과 우월감을 갖는
지름길이라고 말하고 있다. 즉, 행복을 상품화시키는 경향이 보인다.

마이클 르뵈프(LeBoeuf)는《새 고객을 평생 고객으로 삼는 법(How to win customer and keep them for life)》에서 다음과 같이 말한다.

내게 옷을 팔려고 하지 마세요. 대신 세련된 인상, 멋진 스타일, 그리고 매혹적인 외모를 팔아 주세요.

내게 보험상품을 팔려고 하지 마세요. 대신 마음의 평화와 내 가족과 나를 위한 안정된 미래를 팔아 주세요.

내게 집을 팔 생각은 말아요. 대신 안락함과 만족, 그리고 되팔 때의 이익과 소유함으로써 얻는 자부심을 팔아 주세요.

내게 책을 팔려고요? 아니에요. 대신 즐거운 시간과 유익한 지식을 팔아 주세요.

내게 장난감을 팔려고 하지 마세요. 대신 내 아이들에게 즐거운 시간을 팔아 주세요.

내게 컴퓨터를 팔 생각을 하지 말아요. 대신 기적 같은 기술이 줄 수 있는 즐거움과 효익을 팔아 주세요.

내게 타이어를 팔려고 하지 마세요. 대신 기름 덜 들이고 걱정으로부터 쉽게 벗어날 수 있는 자유를 팔아 주세요.

내게 비행기 티켓을 팔려고 하지 말아요. 대신 내 목적지에 빠르고 안전하게 그리고 정시에 도착할 수 있는 약속을 팔아 주세요.

내게 물건을 팔지 말아요. 대신 꿈과 좋은 느낌과 일상의 행복을 팔아 주세요. 제발 내게 물건을 팔려고 하지 마세요.

4. 아름다움 : 날씬한 몸의 신화

현대 소비사회에서 가장 아름다운 기호는 외모이다. 보드리야르는 《소비사회》에서 외모는 경제적인 측면으로 사유재산의 가장 중요한 일부가 되었으며, 인간은 외모를 재산으로 관리하고 투자하게 되었다고 한다. 외모는 심리적으로 사회적 지위를 표시하는 중요한 수단이며 자기만족의 대상이 되기도 한다.

터너(Turner, 1996)[5]는 정치적·도덕적 문제들의 초점이 인간의 몸에 맞추어지고 몸에 의해 표현되는 이른바 몸의 사회가 도래했다고 지적한다. 터너는 몸의 문제가 일상생활에서나 학문적으로나 중요한 관심이 된 이유는 몸이 '경합의 대상'이 되었기 때문이라 본다. 오늘날의 몸은 상품들의 집합체인 동시에 그 상품들의 영역이다. 더불어 몸은 자아 정체성의 일부로서, 수행하고 완성해야 할 일종의 프로젝트로 간주되는 대상이 되었다. 몸을 가꾸는 여성과 남성은 자신을 사랑하고, 사회적으로 삶의 도전에 대한 승리의 표본이 되었다.

1) 날씬한 몸의 신화

보르도(Bordo, 1993)[6]는 날씬함에 대한 관심이야말로 우리 삶에서 가장 중요한 이슈가 되었다고 주장한다. 이른바 날씬한 몸의 신화는 현대 광고에 나오는 여성들의 몸이나 쏟아져 나오는 다이어트 상품 광고들로 재현되고 있으며, 여성의 날씬함에 대한 욕망은 현대사회를 지배하는 욕망이 되고 있음에는 틀림없다.

이러한 날씬한 몸의 신화를 만드는 데는 미디어의 광고가 지대한 영향을 미쳤다. '사회비교 이론(social comparison theory)'에 의하면, 사람들은 자기 자신의 의견과 능력을 정확히 파악하기 위해 다른 사람과 자기를 서로 비교하려는 본능적 충동이 있다. 이 이론에 따르면 소비자가 광고 모델의 매력적인 육체 이미지에 노출되면 그 육체 이미지와 자신의 육체를 서로 비교하게 된다. 그 결과 자기 몸에 불만을 갖게 되고 다른 사람의 신체적 매력에 대해서도 가혹하게 평가하는 경향이 생긴다.

늘씬한 미녀 가수가 등장하는 다이어트 식품의 광고(오른쪽 사진)는 이러한 몸에 관한 담론을 잘 나타낸다. 열심히 운동해 가꾼 날씬한 몸은 '예쁜 몸매 → 스타일 UP → 자신감'으로 자연스럽게 이어진다. 다이어트 이전의 손담비는 자신의 몸을 부끄러워하고 드러내는 것을 꺼려한다. 그러나 스페셜 K를 먹고 날씬해진 미녀 가수는 많은 사람들 앞에서 자랑스럽게 겉옷을 벗어 던지고 자신감을 뽐내며 특유의

🖌 몸에 관한 미디어 담론의 이항 대립

날씬한 몸	뚱뚱한 몸
아름다움	추함
건강함	허약함
자부심	부끄러움
여성성	비여성성
운동, 식이요법	성형수술, 약물
부지런함	게으름
절제	방종
자율성	타율성
권능	복속
영웅	악당
행복	불행

출처: 이화자(2007),《일상의 욕망과 금기, 광고로 읽다》, 163쪽.

캘로그 시리얼, 스페셜 K 광고

여성의 몸에 대한 담론을 이끌어 내는 광고의 예

우월하고 행복한 표정을 짓는다.

문제는 일반인들이 달성할 수 있는 아름다움과 추구하고자 하는 아름다움에는 간극이 존재한다는 것이다. 일반인들이 다이어트 보조제를 먹는다고 해서, 육체를 평생 가꾸어야 할 의무가 있는 뷰티 연예인인 손담비와 같은 몸매를 가질 수 없다. 또한 최근에는 컴퓨터 그래픽 기술의 발달로 디지털 조작이 가능해지면서 광고 속의 육체 이미지는 갈수록 비현실적으로 이상화된다.

육체 이미지의 비현실적 이상화는 광고가 아름다움을 너무 신체적인 매력으로만 한정시켜 규정하고 신체적 매력에 대해서도 현실적으로 보통의 사람들이 도달하기 힘든 날씬한 몸을 제시하면서 그것을 아름다움의 이상으로 강조한다는 것이다. 현실적으로 도저히 성취 불가능한 육체 이미지가 광고에 등장하면서 현실 속의 몸매와 광고 속의 육체 이미지 사이에는 간극이 커져 육체 이미지의 혼란만 가중된다. 이러한 간극으로 인해 일반인들은 지나친 다이어트를 해야 하는 강박관념에 시달리고, 결국 거식증과 성형중독, 그리고 외모로 사람의 가치를 판단하는 외모지상주의와 같은 부작용을 낳는다.

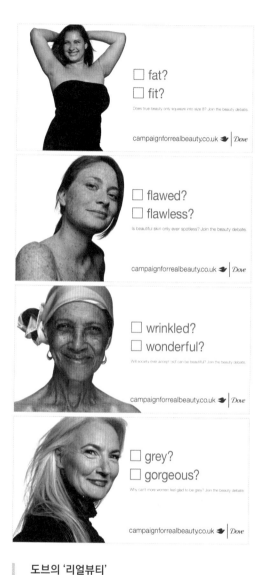

**도브의 '리얼뷰티'
캠페인 광고**

여성의 미에 대한 새로운 생각의
기준을 제시한 광고의 예

나이키 우먼의 '리얼우먼' 캠페인

아름다움이 이상 속에 있는 것이 아니라 현실 속에
존재하는 것임을 강조하는 광고의 예

2) 현실의 아름다움

2004년 여성 위생품 브랜드인 도브는 '리얼뷰티(real beauty)'라는 캠페인을 통해 여성을 바라보는 미의 기준에 대한 새로운 생각을 제시했다. 도브는 자사의 설문조사에서 자신의 아름다움에 만족하는 사람은 단 13%였으며, 나머지 87%의 여성은 만족하지 못하고 있다고 밝혔다. 이에 따라 도브는 '자연스러운 아름다움'을 지지하며, 미디어나 기존의 광고에서 제시하는 미의 기준이 아닌 '나만이 가지고 있는 아름다움'을 내세우는 캠페인을 펼쳤다.

도브는 이 캠페인에서 나이가 많은 것이나, 하얗게 세어 버린 머리카락, 빈약한 가슴, 독특한 피부, 뚱뚱한 몸매가 아름다움에 반하는 가치가 아니라고 주장한다.

이 광고는 그동안 미디어가 주입하던 날씬한 몸매, 희고 팽팽한 피부의 아름다움이 아닌 실제 자신의 아름다움을 인정할 것을 주장하여 큰 반향을 얻었다. 이에 따라 글로벌 스포츠 업체인 나이키 우먼에서도 '리얼우먼(real women)' 캠페인을 시작했고, 단단한 넓적다리와 남자 같은 무릎, 그리고 거대한 엉덩이를 광고의 곳곳에 배치했다. 나이키의 캠페인은 비속어를 사용한 카피의 네거티브한 이미지로 사회적 논란을 불러일으키기도 했지만, 운동을 하면 날씬해지는 것이 아니라 근육이 늘어나게 되고, 예쁘게 보인다기보다는 건강해진다는 것을 보여 줌으로써, 아름다움이 이상 속에 있는 것이 아니라 현실 속에 실재하는 것임을 강조한다.

주(註)

1) 페터 비트머, 홍준기·이승미 역(1998), 《욕망의 전복》, 한울아카데미.

2) 샌더 L. 길먼·저우쉰, 이수영 역(2006), 《흡연의 문화사》, 이마고, 31쪽.

3) 그레그 이스터브룩, 박정숙 역(2007), 《진보의 역설》, 에코리브르.

4) 미셸 페쇠, 조재룡 역(2007), 《행복의 역사》, 열린터.

5) Turner, B.S.(1996), *The Body & Society Theory*, London: SAGE. 《몸의 사회학》, 임인숙 역(1999), 나남.

6) Bordo, S.(1993), *Unbearable Weight*, 《참을 수 없는 몸의 무거움》, 박오복 역(2003), 또하나의 문화.

집필후기

　광고는 철학과 관련이 없는 커뮤니케이션 분야로 지금까지 인식되어 왔다. 하지만 근대적 광고의 역사가 100년을 넘어서고 있고, 많은 광고들이 소비자들을 설득하는 데 있어 노하우가 쌓이면서 철학적인 측면이 드러나고 있다. 일반 마케팅의 원리로는 도저히 이해하거나 측정할 수 없는 광고들을 철학적인 잣대로 이해하고 분석해야만 가능해지는 현상들이 일어나고 있다. 또한 기업들도 단기적 마케팅 효과를 노리기도 하지만 브랜드의 가치를 높이기 위해 장기적인 플랜을 가지고 오랫동안 이미지 광고를 하게 되는데, 이는 다분히 철학적인 목표를 가지고 하게 되기 때문에 당연히 철학적인 이해가 필요하게 되는 것이다. 그리고 기업들은 다소 소비자를 속이는 경향이 있다. 그것이 의도적이든 의도적이지 않든 심리적이며 정신분석학적으로 해석할 수밖에 없는 현상도 많이 나타나고 있는 것이다. 따라서 이 책은 이러한 광고들의 현상을 이해하는 데 도움이 되고자 기획된 것이며 철학적 사고를 통해 광고를 분석할 때 광고의 내면을 가장 잘 들여다볼 수 있기 때문에 저술된 것이다.

　모든 광고가 철학적인 메시지를 포함하고 있는 것은 아니지만, 가끔 외국광고들을 보면 이해하기 힘든 사례들이 있다. 이탈리아 브랜드인 베네통(Benetton)의 광고, 캘빈 클라인(Calvin Klein)의 광고, 청바지 브랜드 디젤(Diesel)의 광고, 베라 왕(Wang)의 청바지 광고들은 단순히 마케팅의 원리만으로 풀 수 없는 괴상한 공식을 포함하고 있다. 또한 많은 패션광고와 명품광고들은 판매촉진의 기표적 목적 이외에 소비자에게 환상을 심어주고자 하는 기의적 목적이 다분히 내재하고 있는 것이다. 이러한 종류의 광고들을 이해하고 분석하기 위해서는 반드시 철학적 사고에 의해서만 그런 광고에 대한 해석을 올바르게 내놓을 수 있다. 그러기 위해선 오랜 전 독일의 석학 지그문트 프로이트(Sigmund Freud)와 프랑스 석학 장 보드리야르 (Jean Baudrillard)의 심리학적·철학적 잣대를 빌려오지 않을 수 없다.

과연 광고의 진실은 무엇인가? 장 보드리야르가 주장한 대로, 상품에 대한 정보제공을 넘어서서 가장(假裝)의 이미지가 실재를 초과하고 있는가? 기업은 광고를 통해서 무언가를 감추려하고, 아무것도 없음을 감추려는 것으로부터 결정적인 사고의 전환이 일어날 수 있다. 이것이 바로 지시대상도 없고 테두리도 존재하지 않는 끝없는 시뮬라시옹(simulation)의 순환 속 시뮬라크르(simulacre)이다. 광고는 실재를 투영하는 것이 아니라 비존재를 나타내기 위한 기호의 조작인 몽타주(montage)일 수 있다. 이런 패러독스에 독자들이 동의한다면 우리는 이 책을 통해서 같이 고민해 봐야 할 것이다.